JOHANNES WETH
THOMAS KLAPPSTEIN (Hg.)

VOLLES HAUS

GOTTESDIENSTE MIT ALLEN GENERATIONEN

Mit Beiträgen von Dirk Brall, Friederike Faß, Klaus Faß, Michael Jahnke, Kerstin Klappstein, Thomas Klappstein, Heike Obergfell, Heinrich Silber, Ursula Strazny, Sarah Strazny, Johannes Weth, Renate Wilkes, André Wilkes.

Mit Illustrationen von Dorothèe Boehlke

aussaat

Verlagsgesellschaft des Erziehungsvereins mbH, Neukirchen-Vluyn
Titelgestaltung: Hartmut Namislow
Gesamtherstellung: Breklumer Druckerei Manfred Siegel KG
Printed in Germany
ISBN 3-7615-5305-6
Best.-Nr. 155 305

INHALTSVERZEICHNIS

EINLEITUNG

Das wäre zu schön: Zu den Gottesdienstveranstaltungen am Sonntag hätte man »Volle Häuser«. Jung und alt, Männer und Frauen, Kinder und Großeltern feiern trotz und gerade aufgrund der ganzen Unterschiedlichkeiten gemeinsam einen Gott. Und jeder kommt dabei zu Wort: Die Senioren, die Erwachsenen, die Jugendlichen, die Kinder, die Männer und die Frauen – jeder teilt von seinem Glauben mit und wird doch von allen anderen beschenkt.

Die Idee, die hinter diesem Buchkonzept steckt, will Mut machen: Gottesdienste aktiv gemeinsam unter Einbeziehung aller zu feiern. Deshalb folgt dieses Buch einem besonderen Aufbau.

Die Idee: In den unterschiedlichen Gemeindegruppen wird in einem Monat an ein und demselben Thema gearbeitet. Dies kann im Kindergottesdienst oder der Jungschar, dem Jugendkreis oder dem Konfirmandenunterricht, in der Bibelgesprächsgruppe, im Chor oder im Männerkreis, im Seniorenkreis oder im Frauentreff geschehen. Ziel ist ein gemeinsamer Gottesdienst zu eben diesem Thema, an dem alle nicht nur teilnehmen, sondern sich mit einem erarbeiteten Beitrag beteiligen.

Die Folge: Der Gottesdienst bleibt keine Betreuungsveranstaltung für die, deren Erwartungen er entspricht; sondern wird zu einer Beteiligungsveranstaltung für alle. Er wird bunt, offen und einladend.

Zu einem solchen Gottesdienst gehört Mut. Die Herausgeber wünschen denen, die mit diesem Buch arbeiten, diesen Mut.

Die Beiträge sind von unterschiedlichen Praktikern aus der Gemeindearbeit erstellt worden. So unterschiedlich wie die Autoren fallen auch die Beiträge aus. Die Beiträge verstehen sich als Vorschläge, die verändert, umgestrickt und angepasst werden können und sollen. Die Beiträge werden von einer Textbetrachtung zu dem jeweils zentralen Text eingeleitet.

SEI GETROST UND UNVERZAGT

Biblischer Text: Josua 1, 1-9

EINLEITENDE TEXTBETRACHTUNG JOSUA 1,1-9

Grundlegend

Literarisch stellt der Text im christlichen Alten Testament den Übergang her zwischen Exodus und Wüstenwanderung auf der einen Seite und der Sesshaftwerdung im gelobten Land auf der anderen Seite. Der in direkter Jahwerede gefasste Abschnitt weist zurück auf den in 5.Mose 34,5-8 geschilderten Tod des Mose und führt weiter zur Beauftragung Josuas zur Landnahme (Josua 2ff). In der jüdischen Bibel, dem Tenach, stellt der Text dagegen die Einleitung zum zweiten Teil, der Prophetensammlung, dar. In der jüdischen Bibel ist stärker der Neuansatz durch Josua betont, während in der christlichen Bibel der Gedanke der Kontinuität überwiegt.

Josua 1,1-9 ist Bestandteil des Geschichtswerkes, das im 5.Buch Mose vorliegt. Die schriftliche Abfassung dieser Perikope ist somit mindestens 500 Jahre später anzusetzen als die beschriebenen Ereignisse (vgl. Dirk Kinet, Geschichte Israels, Würzburg: Echter, 2001, S.33). Bereits aus dieser Beobachtung lässt sich vermuten, dass die Intention des Textes mehr im theologischen und weniger im historischen Bereich liegt. Der Autor oder die Redaktorengruppe will das Eintreffen der an Abraham und die anderen Erzväter überlieferten Verheißung bestätigen. Dies wird dadurch unterstrichen, dass bereits in Josua 1 (Jahwerede), wie im späteren Verlauf (vgl. Josua 6) Jahwe der primär Handelnde und Josua der passiv den Anweisungen seines Gottes Folgende ist.

Der dieser Handreichung zugrunde liegende Text lässt sich relativ leicht und eindeutig in zwei Teile gliedern: Die Verse 1-6 handeln von der Beauftragung Josuas als Nachfolger des Mose. Vers 6 markiert den Abschluss mit einer Aufforderung »Sei getrost und unverzagt« und der sich daran anschließenden Landnahmeverheißung. Der zweite Teil des Textes (Verse 7-9) stellt sich als Zusatz zum ursprünglichen Textbestand dar (Volkmar Fritz, Das Buch Josua, Tübingen: J.C.B. (Paul Siebeck), 1994, S.26). Dies zeigt sich an der etwas holprigen Wiederaufnahme der Forderung von Vers 6 in Vers 7 »Sei nur getrost und ganz unverzagt …«.

Verse 1-2

Die Bezeichnung des Mose als Knecht Jahwes ist typisch für das Buch Josua. Als Mittler der Offenbarung ist Mose in einzigartiger Weise herausgehoben ...« (Ebd., S.27). Mit dieser geistlichen Funktion verknüpft sich ein eher politisches Amt des Mose als Führer des Volkes während des Exodus und der anschließenden Wüstenwanderung. Erst bei der Nachricht von seinem Tod wird Josua als Knecht Jahwes bezeichnet (Josua 24,29). Josua 1,1 markiert mithin den Anfang der Beförderung Josuas vom Titel Moses Diener zum Titel Knecht Jahwes. Die Berufung des Josua ist verbunden mit dem Auftrag zur Inbesitznahme des verheißenen Landes.

Verse 3-4

An die Beauftragung schließt sich die geographische Fixierung des künftigen Landes an. Die Formulierung nimmt fast wörtlich die aus 5.Mose 11,24 auf. Die Ausdehnung des noch einzunehmenden Gebietes wird in Dimensionen geschildert, »die an das Hoheitsgebiet des davidisch-salomonischen Großreiches erinnern« (Manfred Görg, Josua, Würzburg: Echter Verlag, 2002, S.11). Damit idealisiert der Text die historisch verifizierbaren Ereignisse.

Verse 5-6

Die Aufforderung zur Inbesitznahme des Landes wird kombiniert mit der Zusage Jahwes: »Ich will mit dir sein«. Durch dieses Versprechen sind schon die Erzväter Isaak (1.Mose 26,3) und Jakob (1.Mose 31,3), wie auch die Führungspersönlichkeiten Mose (2.Mose 3,12; 18,19) und Gideon (Richter 6,16) in richtungsweisender Situation ermutigt worden. Bereits in 5.Mose 31,23 war Josua eine ähnliche Verheißung gegeben worden. Die Redewendung bringt zum Ausdruck, dass der Gott Jahwe in die Angelegenheit seines Bundesvolkes involviert ist. Das Mitsein Jahwes während der Landnahme ist die Voraussetzung dafür, dass die Verheißung der Landnahme realisiert werden kann. Dieses Mitsein Jahwes bewährt sich bei der Eroberung Jerichos (Josua 6) und wird bei der Niederlage gegen Ai (Josua 7,1-5) ernsthaft auf die Probe gestellt.

Verse 7-9

Im Zentrum dieser Liste von Aufforderungen steht die Beachtung der Tora (7-8), deren Mittler vormals Mose gewesen war. Die Forderung nach Torabeachtung wird verbunden mit der weisheitlichen Zusage eines gelingenden Lebens (8). Damit wird das verheißene Land zum geographischen Bereich, in dem die durch Mose vermittelte Tora Jahwes Gültigkeit erlangen soll (vgl. Fritz, Josua, 30).

DAS THEMA FÜR KINDER

Hab' keine Angst!

Kinder erleben ständig etwas Neues. Schon mit dem Krabbeln entdecken sie immer mehr von einer Welt, die mit jedem Entwicklungsschritt größer wird. Wenn Kinder erst mal laufen können, bewegen sie sich bald ohne bei der Mutter an der Hand zu sein. Es ist ganz natürlich vor neuen Dingen, Situationen und Erfahrungen Angst zu haben. Es ist sogar gesund, denn wer keine Angst vor Gefahren hat, verletzt sich schnell. Wenn Eltern ihrem Kind helfen, sich vorsichtig an Neues heran zu tasten, Unbekanntes erklären und dunkle Ekken mit der Taschenlampe ausleuchten, kann das Kind den nächsten Schritt wagen. Wie mutig ein Kind auf Unbekanntes zugeht, hängt auch von der Anleitung und Begleitung durch Erwachsene ab. Manches kann ein Kind nicht selber ausprobieren, es muss ihm vorher erklärt werden. Kaum eine Mutter wird ihr Kind an die Straße schikken, um es die neue Situation allein entdecken zu lassen. Sie geht mit ihrem Kind gemeinsam an die Straße und erklärt ihm, welche Regeln zu beachten sind, um sicher hinüber zu kommen. Es ist für ein Kind wichtig, mit seinen Ängsten ernst genommen zu werden. Die Kinder sollen die Situation des Volkes Israel nachvollziehen können. Sie sollen erfahren, dass sie Neues bewältigen können, weil Gott sie begleitet.

Einstieg: Am Flussufer

Material: blaue Tücher oder Müllsäcke, Saft und Plätzchen
Besonders schön wäre es, wenn man für die Geschichte einen Ausflug zu einem Fluss machen kann. Dort kann man sich mit den Kindern am Ufer auf Decken niederlassen. Wenn das nicht möglich ist, kann man stattdessen mit Tüchern oder blauen Müllsäkken einen Fluss im Raum darstellen. Natürlich müssen alle auf der gleichen Seite sitzen. Auf der andern Seite kann man das »gelobte Land« symbolisch darstellen, zum Beispiel durch Saft und Plätzchen.

Geschichte: Neues Land 1

Ich erzähle die Geschichte von Josua nach der Neukirchener Kinder-Bibel von Irmgard Weth:

Neues Land

Bestimmt kennt ihr Mose. Er führte das Volk Israel aus Ägypten, wo sie als Sklaven arbeiten mussten. Gott hatte schon Abraham versprochen, dass die Israeliten in das gelobte Land kommen sollten. Mose sollte sie hinführen. Dort sollten sie als freie Menschen wohnen und es sollte ihnen gut gehen. Nach der langen Wanderung durch die Wüste ist es nun endlich soweit. Nur noch der Fluss Jordan trennt das Volk von dem Land, das Gott ihnen versprochen hatte.
Mose ist nicht mehr bei ihnen. In der Zeit der Wüstenwanderung war er gestorben. Er hatte Josua vor seinem Tod zu seinem Nachfolger bestimmt. Er soll nun das ganze Volk Israel führen. Das ist eine große Aufgabe für Josua. Er ist nur ein einfacher Mann. Ob das Volk überhaupt auf ihn hört?
Die Israeliten schlagen ihre Zelte nahe am Fluss auf und schauen voller Erwartung auf das große und weite Land, das vor ihnen liegt. In der Ferne können sie die Mauern und Türme von Jericho sehen. Das ist eine große und mächtige Stadt. Wenn sie die einnehmen können, wird ihnen das ganze Land offen stehen. Aber wie sollen sie dort hinkommen? Über den Jordan führt keine Brücke und Jericho ist ringsum von Mauern umgeben. Kein Fremder wird hinein kommen. Die Israeliten, die dort am Ufer des Flusses Jordan stehen, haben Angst. Wie soll das alles nur ausgehen?

Übertragung 1: Angst gehabt?

Hier unterbreche ich die Geschichte und frage die Kinder, ob sie auch Situationen kennen, in denen sie Angst hatten. Ich lasse mir die Situationen schildern. Wenn möglich, sollte jedes Kind zu Wort kommen. Gemeinsam überlegen wir dann, was gegen die Angst geholfen hat.
Beispiele:
Sabine hatte Angst, als sie zum ersten Mal in die Schule musste. Sie wusste nicht, wie die anderen Kinder sein würden und was von ihr erwartet wird. Gegen die Angst hat geholfen, dass ihre Mutter am ersten Tag mitgekommen ist und ihr vorher einiges erklärt hat.
Max hatte Angst in den dunklen Keller zu gehen. Sein Vater hat ihm gezeigt, wo der Lichtschalter ist und wie die Tür gestoppt werden kann, damit sie nicht zufällt.
Anna hatte Angst vor der großen Hauptstraße, weil die Autos dort so schnell fahren. Ihre Eltern haben ihr erklärt, wie sie gucken muss und wann sie die Straße überqueren darf.
Bei den Situationen, die die Kinder erzählen, geht es nicht darum, besonderen Mut herauszustellen. Es soll deutlich werden, dass man keine Angst mehr hat, wenn einem jemand zur Seite steht und das Unbekannte erklärt.

Geschichte : Neues Land 2

Ich erzähle die Geschichte nun zu Ende:

Neues Land
Josua hat Angst. Er weiß nicht, wie es weitergeht. Was soll er machen? Gott spricht zu Josua: »Mose ist gestorben, jetzt musst du weitergehen. Mach dich auf und geh über den Jordan und führe das Volk in das Land, dass ich euch gebe. Jeden Ort, den ihr betretet, werde ich euch geben. So wie ich immer bei Mose war, werde ich auch bei dir sein Josua. Ich gebe dich nicht auf und ich verlasse dich nicht.« Gott sagt auch noch zu Josua: »Sei stark und mutig und achte darauf, dass du nach den Geboten handelst, die Mose euch gesagt hat. Wenn du dich an die Gesetze hältst, wird es dir gut gehen und du wirst Erfolg haben. Sei stark und mutig, denn mit dir ist der Herr, dein Gott, wo immer du gehst.«
Josua weiß nun, was er tun soll. Er soll das Volk führen und Gott wird ihm helfen. Er soll sich an Gottes Gebote halten, dann wird es ihm gut gehen. Weil Josua weiß, dass Gott bei ihm sein wird, kann er auch mutig sein und das Volk führen.

Übertragung 2: Du bist nie allein!
Ich vermittle den Kindern: Das gilt auch für uns. Unsere Eltern und Freunde helfen uns. Aber manchmal gibt es Situationen, in denen sie nicht da sein können. Dann müssen wir alleine weitergehen. Aber Gott kann immer bei uns sein. Er ist immer bei uns.

Erweiterung: Über das Wasser

Wenn ich die Geschichte im Raum erzähle, bietet sich folgende Erweiterung an:
Als erlebbare Übertragung lade ich die Kinder ein, aufzustehen und sich an den Händen zu fassen. Gemeinsam wagen wir den Weg über (durch) das »Wasser«. Am anderen Ufer stärken wir uns mit Saft und Plätzchen.

Gebet: Sei bei mir, guter Gott

Sei bei mir, guter Gott,
wenn ich alleine bin.
Bei dir will ich geborgen sein.

Oft habe ich Angst.
Weil ich in der Schule eine Arbeit schreiben muss,
weil ich mit meiner Freundin Streit habe,
weil ich ins Krankenhaus gehen muss.

Sei bei mir, guter Gott,
wenn ich alleine bin.
Bei dir will ich geborgen sein.

Oft habe ich Angst.
Wenn ich meine Eltern in der Küche streiten höre,
wenn im Fernsehen von Bombenanschlägen berichtet wird,
wenn meine Oma schon wieder gefallen ist.

Sei bei mir, guter Gott,
wenn ich alleine bin.
Bei dir will ich geborgen sein.

Oft vergeht die Angst,
wenn ich mich an meine Mama kuscheln kann,
wenn mir meine Freunde Mut machen,
wenn ich zu dir bete.

Bleibe bei mir, guter Gott,
wenn ich alleine bin.
Bei dir kann ich geborgen sein.

Liedervorschläge

Breite deine guten Hände, K.Heizmann, Klein, aber oho – Liederheft, Musikverlag Klaus Gerth, 1995
Gott, dein guter Segen, D.Jöcker, R.Bäcker, Heut ist ein Tag, an dem ich singen kann, Folge 2, Menschenkinder Musikverlag 1987

Vorbereitung des gestalterischen Elementes für den Gottesdienst: Anspiel

Gemeinsam mit den Kindern überlege ich, welche Situation wir der Gemeinde vorspielen können. An der Szene soll deutlich werden, dass Unbekanntes Angst machen kann und dass man jemanden braucht, auf den man vertrauen kann.

Vorschlag: Straßenüberquerung

Wir stellen eine breite Straße dar, z. B. mit Tapete, Tüchern, Seilen oder ähnlichem. Dann stellen sich einige Kinder an den »Straßenrand«. Wer möchte, kann auch mit Bobbycars oder ähnlichen Autos auf der Straße fahren lassen. Die Kinder können aber auch einfach so tun, als sei die Straße stark befahren. Sie stellen einen Fuß auf die Straße und ziehen ihn schnell zurück, als wenn ein Auto käme. Dabei reden sie miteinander:
»Wie sollen wir da nur rüber kommen?« »So viele Autos, das schaffen wir nie!« »Auf der anderen Seite wäre es so schön!« »Wie soll das nur weitergehen?« »Anna hat uns doch versprochen, dass wir rüber kommen.« usw.
Nach kurzer Zeit setzen sich die Kinder an den Straßenrand und geben ihre Versuche, die andere Seite zu erreichen, auf.
Nun kommt Anna und erkundigt sich, was los ist. Die Kinder erzählen, dass es auf der anderen Seite zwar schön ist, sie aber niemals über die Straße kommen werden. Anna sagt den Kindern: »Ihr braucht doch keine Angst zu haben. Ich habe euch doch versprochen, dass ihr über die Straße kommt. Ich erkläre euch wie es geht. Außerdem werde ich mit euch gehen. Ihr braucht das doch nicht alleine machen.«
Die Kinder freuen sich und überqueren mit Anna die Straße.

Je nachdem, wie der Gottesdienst gestaltet ist, kann die Josuageschichte als Rahmen gelesen werden oder zumindest ein Teil der Verheißung aus Josua 1, 1-9.

Es kann auch jede beliebige andere Situation gespielt werden. Es sollte auf jeden Fall eine Situation aufgegriffen werden, die die Kinder selber erzählt haben. Bei dem Anspiel sollten möglichst alle Kinder mit einbezogen werden. Die, die nicht mitspielen möchten, können das »Bühnenbild« gestalten und sollten auch im Gottesdienst als Mitwirkende erwähnt werden.

Abschluss: Du bist bei uns

Die Kinder stellen sich in einen Kreis und fassen sich an den Händen. Dann wird ihnen der folgende Text zugesprochen.

Zuspruch
»Habe keine Angst und vertraue mir«, sagt Gott zu Josua. Das gilt auch für uns. Du, guter Gott, bist bei uns.

DAS THEMA FÜR JUGENDLICHE

Nicht vergessen!

Die Jugendlichen sollen anhand der Geschichte von Josua und dem Durchzug durch den Jordan verstehen, wozu es wichtig ist, die eigene Vergangenheit zu kennen. Sie sollen das in ihre persönliche Lebenssituation umsetzen können. Sie sollen außerdem den Unterschied zwischen Geschichte allgemein und dem Eingreifen Gottes in der Geschichte erklären können. Zuletzt sollen sie die Frage, warum die Erinnerung an das Eingreifen Gottes in die persönliche Geschichte wichtig ist, für sich beantworten und auf eine konkrete Lebenssituation umsetzen können. Jugendliche haben in diesem Lebensabschnitt bereits einige Erfahrungen gemacht, bzw. sind z.B. im Gemeindeleben mit vielen »Denkmälern« konfrontiert, die sie entweder hinterfragen, akzeptieren oder verstehen.

Material

Einstieg: zwölf größere Natursteine
Vertiefung 2: ein Sack voll weißer Steine, die je ca. 5 cm im Durchmesser haben (im Baumarkt erhältlich), Zettel und Stifte in Anzahl der Teilnehmer, Eddings o.ä. in Anzahl der Teilnehmer

Einstieg: Ja oder Nein?

Die zwölf Steine werden in die Mitte des Raums gelegt. Wir beginnen mit einem Spiel. Der Mitarbeiter macht die Aussage: »Er legte den letzten Stein oben auf«. Jetzt müssen die Jugendlichen versuchen herauszufinden, was vorher passiert ist. Das geschieht, indem sie Fragen stellen, die der Mitarbeiter mit »Ja« oder »Nein« beantworten kann. Der Mitarbeiter orientiert sich dabei an der Geschichte aus Josua 3 und 4. Falls nach zehn Minuten das Ergebnis noch nicht herausgefunden worden ist, wird die Geschichte erzählt. Falls das Ergebnis zu früh erraten worden ist, wird nach Einzelheiten gefragt.

Zielgedanke der Hinführung: Die Jugendlichen sollen erkennen, dass ein vorfindliches Ergebnis (die zwölf Steine) immer eine Folge von historischen Ursachen ist. D.h. dass es wichtig ist, die Vergangenheit zu kennen, um seine Gegenwart verstehen zu können. An den vielen Fragen, die in die falsche Richtung gezielt haben, kann der Mitarbeiter das unterstreichend erläutern.

Erarbeitung 1: Steckbrief meines Lebens

Die Jugendlichen bekommen die Aufgabe, einen Steckbrief für sich zu schreiben, in dem sie mindestens fünf Meilensteine der eigenen Lebensgeschichte aufzählen. Dabei sollen sie nennen, was passiert ist und was es für Auswirkungen gehabt hat. Danach bilden sich Kleingruppen zu je sechs Jugendlichen plus einem Mitarbeiter. Der Mitarbeiter sammelt die Steckbriefe der Gruppe und liest sie nach und nach vor. Die anderen müssen erraten, wer diese Ereignisse berichtet hat.

Zielgedanke der ersten Erarbeitung: Die Teilnehmer sollen am eigenen Lebensbeispiel nachvollziehen können, dass es in ihrer Geschichte historische Daten gibt, die von besonderer Bedeutung sind.

Erarbeitung 2: Fragen zum biblischen Text

Die Jugendlichen bleiben in den Gruppen. Sie bekommen den Fragebogen ausgehändigt und sollen gemeinsam die Fragen erarbeiten.

Fragezettel
Welche historischen Ereignisse konnte Josua damals als »wichtig« eingestuft haben?

Was haben sie bei ihm für seine Beziehung zu Gott bewirkt?

Was war das Wagnis, das er eingegangen ist?

Was wäre passiert, wenn das schief gegangen wäre?

Warum die zwölf Steine?

Wie kann es sein, dass diese Steine z.B. 250 Jahre später immer noch von Bedeutung sein konnten?

Was ist der Unterschied zwischen den zwölf Steinen am Jordan und einem Gedächtnisstein, der uns in unseren Tagen daran erinnert, dass an diesem Platz der erste Flug zum Mond stattgefunden hat?

Zusammentragen der Ergebnisse und Übertragung

Die Gruppen finden sich zusammen und berichten von ihren Arbeitsergebnissen. Dabei beginnt reihum immer eine der Gruppen, die anderen Gruppen ergänzen ggf.
Der Mitarbeiter erklärt im Zusammenhang des Zusammentragens, dass Josua befürchten musste, seine noch nicht gefestigte Autorität als Führer des Volkes zu verlieren, falls diese Geschichte schief ginge. Wichtig ist in dem Zusammenhang auch, dass die Wasser sehr weit entfernt stehen blieben. D.h. sie flossen noch ab und das Ergebnis war nicht sofort zu sehen! Das kann eine sehr frustrierende Erfahrung sein. Da tut man, was Gott gesagt hat und der handelt offenbar nicht. Oder zumindest nicht so, wie man sich das vorgestellt hat. Aber Gott enttäuscht nicht. Das kann man allerdings nur erleben, wenn man es wagt, sich tatsächlich statt nur theoretisch auf Gott einzulassen. Im Gehorsam zeigt sich, dass Gott vertrauenswürdig ist. Das ist der Wert der Erinnerung. Die Tatsache, dass Gott zur Rettung und zum Heil gehandelt hat, kann uns heute Mut machen, uns Gott anzuvertrauen, denn er ist heute der selbe Gott. Das ist der Unterschied zu allen Gedächtnisstätten, die an große Männer, Frauen und große Taten erinnern. Sie sind gewesen, sie hatten Auswirkungen, dafür verehren wir sie. Die Erinnerungszeichen, die wir setzen um uns an Gott zu erinnern, haben einen anderen Charakter. Sie erinnern uns nicht nur an das, was war. Sie weisen den Weg in die Zukunft, weil sie uns einladen und herausfordern, diesem Gott heute zu vertrauen.

Zielgedanke der Erarbeitung 2: Die Jugendlichen sollen die Herausforderung verstehen, die ein Vertrauen auf Gott beinhaltet. Sie sollen entdecken, wie wichtig es dabei ist, auf etwas aus der eigenen Erfahrungswelt zurückgreifen zu können, wo man Gott bereits erlebt hat. Sie sollen feststellen, dass Vergangenheit eine umfassendere Bedeutung hat, als nur zu verstehen, wo man herkommt. Sie sollen daran den Aspekt der Glaub- und Vertrauenswürdigkeit Gottes festmachen können.

Vertiefung 1: Erinnerungszeichen in Kirche und Leben

Die Jugendlichen finden sich wieder in ihren Gruppen zusammen. Unter folgenden Fragen soll ein Gespräch entstehen. Das Gespräch wird von jeweils einem Mitarbeiter begleitet.

Fragen für das Gespräch
Welche Erinnerungszeichen kennt ihr in der Kirche/ Gemeinde?
Was bedeuten sie?
Wo könnt ihr etwas mit ihnen anfangen, wo nicht?
Warum können diese Dinge uns ermutigen, uns auf Gott einzulassen?
Wie können wir das tun, uns auf Gott einlassen?

Anmerkung: Der Mitarbeiter muss in der Lage sein, Fragen darüber zu beantworten. Er sollte sich also mit Liturgien, besonderen Veranstaltungen wie Taufe, Abendmahl usw. einigermaßen auskennen!

Zielgedanke der Vertiefung 1: Die Jugendlichen sollen die Erinnerungszeichen in der Kirche / Gemeinde bewusst wahrnehmen und ihre Bedeutung verstehen. Das soll dazu führen, dass sie in Alltagssituationen wagen, sich auf Gott einzulassen und zu tun, was er sagt.

Vertiefung 2: Erinnerungssteine herstellen

(auch Gestaltungselement für den Gottesdienst)
Die kleinen Steine werden verteilt.
Auf die zugeteilten Steine soll »Josua 4, 22-24« geschrieben werden. Einer davon soll der persönliche Erinnerungsstein werden. Den kann jeder mit einem Datum oder einem Stichwort versehen, das an einen Moment erinnert, in dem man selbst Gottes Eingreifen in der eigenen Lebensgeschichte erlebt hat. Auf einen anderen Stein kann sich jeder »Josua 3,7« schreiben und dazu die Herausforderung, die man im Glauben an Gott eingehen will, weil man Gott an diesem Punkt gehorchen möchte.

Erweiterung: Erinnerungssteine mitteilen
In die Mitte des Raumes wird ein Tuch als Unterlage gelegt. Die Jugendlichen haben die Möglichkeit, ihre beiden Steine in die Mitte zu tragen und nach und nach zu einem Denkmal der Erinnerung und Herausforderung aufzutürmen. Dabei erzählen sie (freiwillig) von der Erinnerung und Herausforderung, die sie »auf ihren Stein geschrieben haben«. Dabei kann (je nach Ausrichtung des Jugendkreises) eine Lob- und Anbetungszeit stattfinden, die dieses Thema hat: »Wir haben Gott als Retter erlebt!«

Zielgedanke der Vertiefung 2: Die Jugendlichen sollen das Erarbeitete auf ihre eigene Lebenssituation umsetzen können und Gott im Gebet eine Antwort darauf geben.

Abschluss: Segen und Nachgespräch

Die beiden persönlichen Steine darf jeder Teilnehmer mit nach Hause nehmen. Die anderen stehen für die Gottesdienstgestaltung zur Verfügung. Ggf. kann sich hier Gespräch und Seelsorge anschließen, wenn Teilnehmer merken, dass sie vielleicht eine Menge richtige Informationen über Gott, aber keine konkreten und persönlichen Erfahrungen mit dem Gott der Bibel gemacht haben.

Vorbereitung des gestalterischen Elementes für den Gottesdienst: Erinnerungssteine austeilen

Die Erinnerungssteine werden nach dem Gottesdienst von den Jugendlichen an die Gemeindeglieder verteilt, wenn sie den Gottesdienstraum verlassen. Dazu braucht es im Gottesdienst eine Erklärung, die die Bedeutung der Steine deutlich macht. Ein Mitarbeiter berichtet über die Aktion im Jugendkreis. Zwei Jugendliche erzählen von den Erinnerungen und Herausforderungen, die sie »auf ihren Stein geschrieben haben«.

DAS THEMA FÜR ERWACHSENE

Sei getrost und unverzagt

Die Gestaltung richtet sich insbesondere an Erwachsene, die vor einer Grenzüberschreitungen in ihrer persönlichen Lebenssituation stehen oder mitten drin stecken. Übergänge bestimmen in Abständen immer wieder das Leben. Vielleicht ist damit verbunden ein Ortswechsel. Es gibt auf einmal andere, neue Menschen auf dem Arbeitsplatz, in der Nachbarschaft, allgemein im gesellschaftlichen Umfeld. Das kann mit Unsicherheiten bis hin zu Ängsten verbunden sein. Fragen tauchen auf: Wie komme ich an in meiner neuen Umgebung? Sind die Kollegen verträglich? Ist die Nachbarschaft homogen? Lande ich gar in einem sozial schwierigen Umfeld? Wird man es vielleicht mit schwierigen Charakteren zu tun bekommen?

Auch Lebenskrisen können sich ankündigen oder man steckt mitten drin. Eventuell gibt es in der Partnerschaft oder mit Kindern schwierige Phasen oder unangenehme Konfliktsituationen im beruflichen Umfeld. Das gesellschaftliche Klima wird allgemein rauher. Das Leben verliert etwas von seiner Leichtigkeit. Das muss nicht so sein, wird aber in dieser jungen bis mittleren Erwachsenenphase von nicht wenigen Menschen so empfunden. Beim Gruppentreffen soll versucht werden herauszufinden, wie die genannten Gottes- und Jesusworte in den exemplarisch genannten Bibelstellen »Sei getrost und unverzagt« greifen können. Dabei soll nicht suggeriert werden, Christen dürfen keine Ängste und Befürchtungen haben. Trotz und gerade wegen dieser prägnanten biblischen Aussagen. Immerhin wurden sie in Situationen hineingesprochen bzw. Menschen gesagt, die sehr bewusst mit Gott lebten und auch schon positive Erfahrungen in ihrem Leben mit ihm gemacht haben. Ziel soll auch sein, sich unangenehmen Situationen/Ängsten zu stellen und auf diese Zusagen Gottes zu vertrauen. Sich vor allem nicht vor ihm zu fürchten (Matthäus 14,27). Echter Glaube ist auch immer ein Wagnis. Auf diesem Weg weht einem der Wind schon mal ins Gesicht. Aber es gilt: Leben mit Gott bedeutet unbedingtes Vertrauen und Angenommensein, Wissen um die Ziele Gottes und intensives Leben in der Verbundenheit mit vielen Menschen. Gleichzeitig heißt Glauben aber auch oftmals, den Weg in ein unbekanntes Land zu gehen. Aufregend, rätselhaft und häufig genug wunderschön.*

Einstieg: Jahresringe

Material: Bild von den Jahresringen eines Baumes
Der Gruppe wird entweder das Bild einer Querschnittstelle eines abgesägten Baumes gezeigt, auf dem deutlich die Jahresringe dieses Baumes zu erkennen sind. Oder es wird die abgesägte Scheibe eines solchen Baumes gezeigt. Man kann die Teilnehmer im Vorfeld auch bitten, so eine Scheibe (gibt es eigentlich in jedem guten Blumenladen) oder ein entsprechendes Bild mitzubringen. Dieses Bild oder auch die Holzscheibe sollte einen kurzen Moment lang betrachtet werden. Die Teilnehmer werden gebeten, sich mit ihrem jetzigen Lebensalter ungefähr auf der Querschnittfläche einzusortieren. (Bitte kein exaktes Abzählen. Es geht um die Symbolik. Bei der Gesamtfläche einfach von einem Lebenszeitraum von 80 Jahren ausgehen.) Die Teilnehmer werden gebeten, sich noch einmal Gedanken über ihre bisherigen Lebensstationen zu machen und zu überlegen, wie man in verschiedenen Übergangssituationen gedacht, gefühlt und gehandelt hat. An diese Überlegung soll sich die Frage anschließen, wie die aktuelle Lebenssituation erlebt wird.

Austausch

Wer möchte kann von seinen besonderen Übergangssituationen sprechen. Was gut gelaufen und vielleicht weniger gut. Auch darüber, wie man mit eventuellen Ängsten verfahren ist.

Input
Das bunte, unregelmäßige Muster der Jahresringe dieses Baumes zeugt von einem bewegten Leben. Es ist farbenfroh und abwechslungsreich, hat kleine Sprünge und Fehler und ist trotzdem zu einem harmonischen Ganzen geraten.

Erarbeitung: Erfülltes Leben

Der folgende Spruch wird an den Beginn der Erarbeitung gesetzt:

»Ein fröhlicher Mensch lebt gesund; wer aber ständig niedergeschlagen ist, wird krank und kraftlos.«

Sprüche 17,22

Input
Gottes Absicht für jedes seiner Kinder ist, dass sie ein erfülltes Leben haben. Ängste können diese Erfahrung verhindern oder zerstören und uns sogar daran hindern, etwas Produktives zu tun! Bezüglich Ängsten und Sorgen gibt es in der Christenheit viele Einstellungen und Meinungen.

Aussagen bewerten
Die Teilnehmer der Gruppe werden gebeten, sich zu folgenden Aussagen zu äußern (nicht einfach nur »richtig« oder »falsch« zu sagen), auch in Bezug auf die eigentlichen Ausgangsbibelverse:

- Christen müssen vor nichts Angst haben und brauchen sich keine Sorgen zu machen
- Sorgenvoll und verzagt zu sein ist für Christen sogar falsch bzw. eine Sünde, da dieses Verhalten zeigt, dass sie Gott nicht völlig vertrauen
- Menschen, die sich keine Sorgen machen, kümmern sich einfach um nichts. Sie leben einfach in den Tag hinein.
- Die meisten Menschen, die sich viele Sorgen machen, sind oft sehr Ichbezogen. Wenn man sich um andere kümmert, hat man gleichzeitig weniger Sorgen

Input
Jeder Mensch hat Ängste und Sorgen. Irgendwie scheint dies in uns angelegt zu sein. Tatsache ist aber auch, dass +/- 90% aller Dinge, vor denen Menschen Angst haben, nie wahr werden. Durch unsere Ängste und Sorgen verpassen wir viele der guten Sachen, die Gott für uns vorgesehen hat.

Ergänzung
An dieser Stelle die Gruppenteilnehmer – je nach vorhandenem Zeitkontingent für

das Gruppentreffen – evtl. kurz berichten lassen, wovor sie früher oft Angst hatten und welchen Effekt das auf ihr Leben hatte und wovor sie heute Ängste verspüren und welchen Effekt das momentan hat.

Übertragung 1: Biblischer Zuspruch

Es wird gemeinsam überlegt, wie die gut und vor allem ernst gemeinten Aussagen in den zu Grunde liegenden Bibelversen (Mose; Josua; Matthäus) im eigenen Leben und z. B. entsprechenden Übergangssituationen »greifen« können.
- Zunächst die Verse noch einmal lesen oder lesen lassen. Auch den Kontext, in den sie eingebettet sind. Dabei darauf hinweisen, dass es immer Gott bzw. Jesus selbst war, der die Menschen in die geschilderten Situationen geschickt hat, in denen sie dann diese mutmachenden und beruhigenden Worte gehört haben. Das göttliche Versprechen, Begleiter auf diesem wenn auch ungewissen Weg zu sein, wird ihnen gut tun
- Ermutigungen aussprechen, sich an Menschen zu wenden, die diese Worte, »sei getrost und unverzagt«, ernst genommen haben und damit gute Erfahrungen erlebt haben. Diese Menschen können eine Hoffnung sein, die ein Gesicht bekommen hat.

Übertragung 2: Zuspruch

(auch Beitrag für den gemeinsamen Gottesdienst)
Folgender Text von Martin Buchholz kann dabei zu einer guten Hilfe und Erinnerung werden. Er ist als Lied auf der »Jahreslieder 3«-CD von kawohl-music enthalten, die 1999 im Kawohl-Verlag, 46485 Wesel, erschien. Wo greifbar und noch zu organisieren, kann man dieses Lied natürlich auch hörbar einspielen. Sonst wird der folgende Text vorgelesen.

»Gebt der Hoffnung ein Gesicht«

Große Worte reichen nicht
Lebt es vor, was Gott verspricht
Gebt der Hoffnung ein Gesicht

1.
Spitzt die Ohren, wenn ein Mensch sagt, was ihn quält.
Eure Hoffnung hält geduldig Fragen aus.

2.
Streckt die Hand aus, wo eine andere Hilfe braucht.
Eure Hoffnung gibt den Müden neue Kraft.

3.
Eure Zuversicht gibt keinen Menschen auf.
Tragt einander, weil ihr selbst getragen seid.

Vorbereitung des gestalterischen Elementes für den Gottesdienst: Textbeitrag

Dieser Text bzw. dieses Lied könnte gleichzeitig ein Beitrag für den gemeinsamen Gottesdienst der Generationen sein. Die Teilnehmer können ihn natürlich auch sinngemäß abwandeln und den Text dabei als Arbeitsgrundlage nutzen.

Ergänzung: Auf Wellen kann man gehen
Ein anderer Text, der Mut machend weitergegeben werden kann, stammt von Clemens Bittlinger und bezieht sich auf die Passage im Matthäusevangelium, in der Jesus sagt: »Seid getrost, ich bin's; fürchtet euch nicht.« – Matthäus. 14, 22-32.

Auf Wellen kann man gehen
Die Angst sitzt uns im Nacken:
Mensch, wie soll es weitergehn?
Werden wir's noch einmal packen
oder diesmal untergehn?
Jeder sieht nur noch die Wellen,
und wir ziehen uns zurück.
Jeder sucht vor dem Zerschellen
noch für sich ein wenig Glück.

Auf Wellen kann man gehen,
ich kann lernen umzugehn
mit dem, was mich beengt
und mich in die Ecke drängt.

Wie gebannt sitz ich am Rand,
ich versteh die Welt nicht mehr,
und ich sehe nirgends Land,
nur Probleme um mich her.
Wellen schlagen, Wellen schwappen,

und das Boot gerät in Not,
doch wo wir schon Maste kappen,
bringt uns einer noch ins Lot.

Durch den Sturm und durch die Wellen
klingen Klänge fremd und klar,
die uns auf die Beine stellen
und das trotz der Höllenfahrt.
Mein Herz beginnt zu schlagen,
und mein Puls treibt mich voran,
mich aufs offene Meer zu wagen
und zu sehen – was ich kann.

Aus: Bittlinger, Clemens: »Auf Wellen kann man gehen: das Clemens-Bittlinger-Lesebuch«, Moers, Brendow Verlag, 1996

Vorbereitung des gestalterischen Elementes für den Gottesdienst: Textbeitrag

Auch diesen Text kann man unter Umständen als Gottesdienstbeitrag verwenden.

Abschluss: Zuspruch

Auf dem Weg in unbekanntes Land und in undurchsichtigen Lebenssituationen trägt die Zusage Gottes »Sei getrost und unverzagt«. Der Herr der Welt hat auch dann noch Geduld, wenn der Mensch vergisst, dass Gott da ist; wenn er grübelt, bitter wird, nicht mehr hoffen kann. Die großen Erfahrungen Gottes werden immer unfertigen Menschen geschenkt. Entscheidend ist Gottes Verlässlichkeit, nicht unsere Erkenntnis, noch nicht einmal unsere Treue: Wer seinen Glauben so lebt, dessen Leben gewinnt an Spannung und Tiefe.

Zuspruch
»Siehe, ich habe dir geboten, dass du getrost und freudig seist; darum fürchte dich nicht, ich bin dein Gott!«

Vorbereitung des gestalterischen Elementes für den Gottesdienst: Liedbeitrag

Die oben benannten Liedstrophen aus dem Lied »Gebt der Hoffnung ein Gesicht« werden im Gottesdienst vorgelesen, eingespielt oder gemeinsam gesungen.

DAS THEMA FÜR SENIOREN

Erinnerungen, die tragen

Die Mehrzahl der Teilnehmer einer Seniorenstunde, die der Autor dieser Zeilen fokussiert, setzt sich aus Mitgliedern und Freunden einer evangelischen Freikirche zusammen, die sich als Arbeitszweig dieser Gemeinde monatlich einmal treffen. Die Teilnehmer kennen sich von anderen Gemeindeveranstaltungen und sind über das gegenseitige Ergehen, sowie auch die Lebensläufe gut informiert.

Die Teilnehmer identifizieren sich in erheblichem Maße mit ihrem Seniorenkreis. Das zeigt sich in der Bereitschaft, an der Organisation und Durchführung der Treffen mitzuarbeiten. Es ist außerdem relativ einfach, einen großen Anteil der anwesenden Senioren zur Partizipation im Gruppengespräch zu bewegen. Die Gesprächsteilnahme begrenzt sich allerdings zu einem erheblichen Teil auf eine Wiedergabe dogmatisch abgesicherter und im freikirchlichen Kontext akzeptierter Aussagen. Dadurch ist für den Gesprächsleiter nicht immer verifizierbar, wo Äußerungen auf Grund einer persönlichen Betroffenheit vorliegen oder wo es sich lediglich um die Wiedergabe angelernter, aber nicht wirklich internalisierter Gemeindetheologie handelt.

Der Autor dieser Zeilen hat im skizzierten Seniorenkreis eine spontane Umfrage zum Thema Erinnerung durchgeführt. Die Teilnehmer wurden zunächst aufgefordert Ereignisse aus dem persönlichen Leben zu nennen, an welche sie sich gerne erinnern. Die Antworten waren naturgemäß sehr individuell und unterschiedlich. Von Auslandsreisen über die Teilnahme an Konzerten, die Geburt der Kinder, bis hin zu Erfahrungen in verschiedenen Gemeindegruppen war alles vorhanden. Ähnlich vielfältig waren die Antworten auf die Frage nach dem Ereignis, an welches man sich am liebsten nicht erinnern möchte. Vom Hinweis auf die Schulzeit über persönliches Versagen, dem Tod von Familienangehörigen, bis zu mehrfach genannten Erfahrungen während des zweiten Weltkrieges wurden vielfältige Erinnerungen zusammen-

getragen. So unterschiedlich wie die individuelle Lebensgestaltung der Senioren war die beglückende, wie auch die traurig stimmende Erinnerung aus dem einzelnen Leben.

Mit einer weiteren Frage wurde versucht die inhaltliche Füllung von Erinnerung im Leben von Senioren zu rekonstruieren. Die Teilnehmer wurden aufgefordert anzukreuzen, ob Erinnerung an das eigene Leben eher eine Quelle der Angst, der Kraft, der Hoffnung des Zweifels oder der Verzweiflung ist. Weitere Nennungen waren möglich. Fast alle Teilnehmer markierten Erinnerung als Quelle der Hoffnung. Die Ausnahmen bezeichneten Erinnerung in einem der Hoffnung vergleichbaren positiven Kontext. Ähnliche Beobachtungen lassen sich machen beim Versuch, den Terminus Erinnerung zu definieren. Mehrfach wurde Erinnerung mit nachdenken und Dankbarkeit assoziiert.

Dies übereinstimmende Phänomen der Deutung von Erinnerung an das eigene Leben hat zunächst religionssoziologische Implikationen. Wie erwähnt, sind die Teilnehmer des Seniorenkreises mehrheitlich Mitglieder einer evangelischen Freikirche. Sie stehen damit in der Tradition pietistischer Prägung. In diesem soziologischen Kontext ist Hoffnung oder eine dankbare Rückschau auf das eigene Leben eine vielfach geradezu von Christen erwartete Glaubenshaltung. Klagen oder negative Erinnerungen an das eigene Leben werden manchmal als Undank Gott gegenüber angesehen.

Neben dieser eher kritischen Beurteilung des Umgangs mit Erinnerung im Seniorenkreis steht allerdings eine positive Folgerung. Die Teilnehmer haben ihr bisheriges aktives Berufs- und Familienleben verarbeitet und können dementsprechend gelassen in die Zukunft blicken. Die positiven Erinnerungen an die eigenen Lebenserfahrungen dienen als Kraftquelle, die Herausforderungen einer von gesundheitlichen Einschränkungen gekennzeichneten persönlichen Zukunft anzunehmen. Das Bewusstsein für das Mitsein Gottes in der Vergangenheit ist Ursache der Erwartung von Gottes unterstützender und tragender Hilfe in zu erwartenden Krankheitsphasen. So kann im positiven Falle Erinnerung für Senioren zur Quelle der Hoffnung im eigenen Leben werden.

Einstieg: Bildbetrachtung

Vorbereitung

Jeder Teilnehmer wird gebeten, zur bevorstehenden Seniorenstunde ein Foto mitzubringen, das an ein persönliches Ereignis im Leben des Seniors erinnert. Das Ereignis sollte prägenden Charakter für sie oder ihn gehabt haben. Dies kann ein Ereignis aus der Jugendzeit oder dem aktiven Berufsleben darstellen. Das Ereignis sollte nicht zu weit zurück in der Vergangenheit liegen und sollte in der Erinnerung noch rekonstruierbar sein.

Durchführung
Während des Treffens berichtet jeder Teilnehmer, der dies möchte, mit maximal drei Sätzen, was ihm das jeweilige Ereignis bedeutet und welche Emotionen die Erinnerung daran auslöst. Es schließt sich eine kurze Gesprächseinheit über die prägende Beeinflussung durch einschneidende Erfahrungen an.

Ziel dieser Aktion: Mit dieser Aufgabenstellung wird eine doppelte Zielsetzung verfolgt. Zunächst werden die Seniorinnen und Senioren motiviert, sich aktiv in das Geschehen des Gruppenprozesses einzubringen. Dadurch wird die Konzentration und die Intensität des Arbeitsprozesses erhöht. Darüber hinaus verfolgt die Beteiligung der Gruppenteilnehmer eine weitere Zielsetzung: Das Thema Erinnerung wird von einer allgemeinen und theoretischen Ebene auf eine praktisch nachvollziehbare und existenzielle Ebene, die jedem Senior und jeder Seniorin zugänglich ist, gehoben. Auf diese Weise wird durch die Bildbetrachtung die Basis gelegt, dass die spätere Vermittlung biblischer Sachverhalte nicht auf die Erörterung exegetischer Ergebnisse begrenzt bleibt. Vielmehr soll die Voraussetzung geschaffen werden, dass es zur existenziellen Begegnung zwischen dem Senior oder der Seniorin und dem biblischen Text komMatthäus.

Erarbeitung 1: Vorbehalte thematisieren

Mögliche Vorbehalte gegenüber dem Buch Josua
Als Voraussetzung für eine gelingende Kommunikation zwischen Text und Seniorenkreis ist auf einen offen oder mindestens unterschwellig vorhandenen Einwand gegen den Text einzugehen. »Ist das Alte Testament ein kriegslüsternes Buch? Wenn man diese Frage stellt, denkt man zuallererst an das Buch Josua. Denn dort wird erzählt, wie das Volk Israel das Land Kanaan mit Feuer und Schwert erobert.«(Karel A. Deurloo, Josua, Wittingen: Erev-Rav. 1995, S.7). Diese Feststellung von Deurloo repräsentiert einen häufig erhobenen Einwand und ist vermutlich der primäre Grund dafür, dass das gesamte Buch Josua weder in der systematischen Theologie noch in der Praxis der Bibelauslegung in der Christenheit eine zentrale Rolle gespielt hat. Versteckte antisemitische Aversionen haben möglicherweise ein übriges getan.

Solche Vorbehalte sind Ernst zu nehmen, da sie bei vielen Teilnehmern an kirchlichen Veranstaltungen Anhänger haben. Es ist aber darauf hinzuweisen, dass diese Vorbehalte Ergebnis eines bestimmten hermeneutischen Zugangs zum Bibeltext sind. Die Vorbehalte hängen zusammen mit der Annahme, dass im Buch Josua historisch verifizierbare Fakten geschildert werden. Diese Annahme führt dann zur ethischen Rechtfertigung von gefährlichen, kriegerischen Aktivitäten. Die religiöse Legitimierung des Irakkrieges (2003) durch den amerikanischen Präsidenten George W. Bush mag als aktuelle Illustration dienen. Auf die Unzulänglichkeit und Gefährlichkeit solcher Auslegung der Josuaüberlieferung ist hier ausdrücklich hinzuweisen. Dies umso mehr als der Seniorenkreis mit einer ähnlichen Auslegungstradition aus der eigenen Kindheit vertraut ist.

In diesem Zusammenhang ist an den Auslegungsgrundsatz zu erinnern, dass sich einzelne Bibeltexte nur aus ihrem literarischen Kontext erschließen lassen. Das Buch Josua erinnert den Leser nachdrücklich daran, dass der Gott Jahwe in den weitaus meisten Fällen auf der Seite der Schwachen, die eben keine militärische Macht darstellen, zu finden ist und die Schwachen gegen militärisch überlegene Gegner unterstützt hat. So wird etwa die Einnahme der Stadt Jericho in Josua 6 eher als religiöse Prozession, denn als Kriegszug geschildert. »Soll das Phantastische vielleicht zu einer neuen vom Geist erfüllten Phantasie ermutigen?« (ebd., S.8).

Bei dieser Beschreibung einer, über die historischen Fakten hinausgehenden Interpretation von dem vorgegebenen Text, ist im Vortrag allerdings moderat vorzugehen. Intellektuelle Überheblichkeit ist eine sorgsam zu vermeidende Gefahr. Die möglichen Ängste, die mit dieser Interpretationsart bei Senioren vorhanden sind, sind einzukalkulieren und Ernst zu nehmen.

Abfrage
Es ist möglich, die Anwesenden nach ihrer Einschätzung des Josuabuches zu fragen. Dies steht zwar nicht im Mittelpunkt der Gestaltung, kann aber notwendig sein, um Vorbehalte auszuräumen. Kommt es zu einem Austausch, so ist dieser zeitlich einzugrenzen.

Erarbeitung und Übertragung: Entwurf einer Andacht zu Josua 1,1-9

Auf der exegetischen Grundlegung aufbauend soll im Vortragsstil der biblische Kontext in Relation zum Erfahrungshintergrund der anwesenden Senioren gestellt werden. In diesem Stadium ist der Vortrag das geeignete Kommunikationsmittel, um dem sich anschließenden Gesprächsverlauf eine vom Text vorgegebene Richtung zu geben.

Ausgangspunkt der Betrachtung ist die Bedeutung des Wortfeldes Erinnerung oder erinnern. In der deutschen Sprache geht erinnern etymologisch auf »machen, dass jemandem etwas inne wird« (Seebold, Kluge, Etymologisches Wörterbuch der deutschen Sprache, Berlin, New York: Walter de Gruyter, 1999, S. 230) zurück. Die Bedeutung hat sich im Laufe der Zeit weiterentwickelt. Im modernen deutschen Sprachgebrauch ist unter Erinnerung ein Bedeutungsspektrum zu verstehen. Im wesentlichen ist dieses Spektrum durch Ermahnung auf der einen Seite und Gedenken auf der anderen Seite beschrieben. Erinnerung in Josua 1 legt den Schwerpunkt auf das Gedenken im Sinne einer Rekapitulation vergangener Ereignisse und Erfahrungen. Dies bedeutet nicht, dass der paränetische Aspekt ausgeblendet wird. Allerdings liegt hier nicht die Betonung.

Betrachtung
V.1-2: Erinnerung lässt Aufgaben erkennen
Josua wurde vor der Übernahme des neuen geistlichen und politischen Amt an seinen Vorgänger erinnert. An diese Erinnerung schloss sich die Feststellung an, dass die Aufgabe der Inbesitznahme des versprochenen Landes noch nicht vollendet worden war. Mit der Erinnerung einher ging die Konfrontation mit der neuen Aufgabe.
An dieser Stelle sind vorhandene Mitarbeitsmöglichkeiten und unterschiedliche körperliche und geistige Möglichkeiten der anwesenden Senioren zu berücksichtigen. Wo dies übersehen wird, gerät die Andacht leicht in eine zwar anregende, aber sich von der gelebten Erfahrungsrealität der Zuhörer weit entfernten Erörterung. Die potentiellen Aufgaben, die zu erkennen angestrebt wird, müssen für die Senioren zu leisten sein.
Als Illustration wird ein Beispiel aus der aktuellen Tagespresse gewählt. In einem Altenheim in Neukirchen-Vluyn wird darauf verzichtet, die Heimbewohner in Gymnastikkurse oder Bastelprogramme zu integrieren. Falls es gewünscht wird, können die Altenheimbewohner aber helfende Aufgaben im Küchenbereich übernehmen (WAZ, 25.04.03). Damit wird den älteren Menschen der Eindruck vermittelt, dass sie noch gebraucht werden. Diesen Eindruck zu vermitteln ist auch in der kirchlichen Seniorenarbeit von zentraler Bedeutung.

V.3-4: Erinnerung lässt Aufgaben annehmen
Die Erinnerung an den Vorgänger Mose hatte nur Konsequenzen, wenn Josua den noch unvollendeten Auftrag vollendete und damit die Kontinuität der Geschichte der Exodus- und Wüstengeschichte bis hin zur Landnahme gewahrt blieb.
Im Allgemeinen erinnern sich Senioren recht gern an vergangene Zeitabschnitte. Manchmal führt die Erinnerung zur positiven Verklärung und umgekehrt manchmal

zur Traumatisierung der vergangenen Erlebnisse. Ältere Menschen sind oft bereit ihre Erinnerungen mitzuteilen. Das Problem mancher Senioren liegt darin, so die Erfahrung des Autors, dass sie häufig nicht den Weg von der Erinnerung zur Aktion gehen. Zu den dafür erforderlichen Schritten sollte die Betrachtung anleiten.

Dies kann in einer kurzen Gesprächseinheit geschehen, in der mögliche realisierbare Aufgaben und Projekte zusammengetragen werden. Es sollte darauf geachtet werden, dass nur solche Aufgaben von den Senioren erwähnt werden, bei denen auch die Bereitschaft besteht, sie zu übernehmen. Diese Regel sollte auch auf die Gefahr hin durchgehalten werden, dass dadurch der Gesprächsverlauf etwas stockender wird.

V.5-6: Erinnerung lässt gelassen werden

Das Mitsein Jahwes war die Grundlage für die geforderte Gelassenheit des Josua bei der Übernahme des neuen Amt. An dieser Stelle ist es relativ leicht die Erfahrungswirklichkeit von Menschen der älteren Generation zu berühren. Körperliche und manchmal auch geistige Gebrechen vermindern die Möglichkeiten, Aufgaben zu übernehmen. Aus diesem Grund ist es für ältere Menschen leichter, die Bedeutung des Mitsein Gottes dankbar wahrzunehmen und darüber hinaus als Kraftquelle für ihre eigene Lebensgestaltung zu entdecken.

V.7-9: Erinnerung führt zu Konsequenzen

Die Verheißung des Mitsein Jahwes war bei der Amtsübernahme durch Josua an die Beachtung der Tora geknüpft. Dieser Zusammenhang zwischen Beachtung biblischer Tradition und gelingendem Leben ist vielen Senioren durch Erziehung und kirchliche Verkündigung bewusst. Eine starke Betonung des Tun-Ergehens-Zusammenhanges kann leicht zu einem legalistischen Verständnis führen. Dem sollte begegnet werden durch Hinweis auf andere biblische Traditionen (z.B. Hesekiel 18). Der Tun-Ergehens-Zusammenhang wird bereits inneralttestamentlich relativiert. Trotzdem sollte herausgestellt werden, dass es sinnvoll ist für ein gelingendes Leben den Rahmenbedingungen der biblischen Überlieferung Folge zu leisten (vgl. Psalm 1).

Abschluss: Meditation

Den Abschluss bildet eine Meditation von Hanns Dieter Hüsch. Dieser Text (zu einem Foto) greift, insbesondere im zweiten Teil, die in der Betrachtung versuchte Motivation der Senioren auf. Er bietet sich somit als Abschluss der Seniorenstunde an.

Friedensgruß

Friede sei mit euch
Fürchtet euch nicht!
Warum bewegen mich diese Worte so tief
Weil sie so schwer zu glauben sind
Weil sie so schwer zu machen sind
Nein weil sie mich aufrecht halten
In äußerst geschichtlicher Zeit
Und mich an die Worte des Chrisostomos erinnern:
»Das Kreuz wie eine Krone tragen.«

Möge Gott der Herr uns über alle Zeiten und
Gezeiten hinwegführen fröhlichen Herzens
Weil wir seinen Frieden in uns tragen
Der uns mit allen und allem versöhnt
Weil seine Liebe in uns wohnt
Die uns unendlich macht
Die uns aber auch zurückholt
Zu unseren Tagesresten
Zu unseren Widersprüchen
Zu unseren Konflikten
Uns zurückführt in unsere Wohnküchen
Zu unseren Schlafstätten
An unsere Schreibtische
An unsere Drehbänke und Reparaturwerkstätten
In unsere Studios und Ateliers
Kindergärten und Altersheime
Um wieder von neuem zu beginnen
Behutsam zwar aber um im Laufe der Zeit
Immer sicherer zu werden.

Aus: Hanns Dieter Hüsch, In der Nähe deines Himmels, Moers: Brendow Verlag, 2001, S.4-5

Vorbereitung des gestalterischen Elementes für den Gottesdienst: Meditation

Der Text von Hanns Dieter Hüsch »In der Nähe deines Himmels« wird gelesen. Es ist gut, dazu noch ein geeignetes Bild zur Betrachtung anzubieten.

GEMEINSAMER GOTTESDIENST

Sei getrost und unverzagt

Eröffnungslied: In Gottes Haus sind offene Türen
Möglichst gemeinsam singen lassen. Ruhig mit Bewegungen.
Text & Musik: Hella Heizmann © 1993
Auf CD/MC »HELLA FÜR MINIS«
Verlag Schulte & Gerth, Asslar, 1993

Begrüßungsmoderation mit Bezug zum Eingangslied und Lesung des dem Gottesdienstmotto zugrunde liegenden Bibeltextes und evtl. Eingangsgebet

Anspiel »Hab keine Angst« der Gruppe KINDER

Gebet / Lied / liturgischer Text der Gruppe ERWACHSENE (Mann/Frau)

Gemeinsames Lied

Bildbetrachtung der Gruppe der SENIOREN »Zeichen der Erinnerung«

Lobpreiszeit / Gebetszeit

(Interaktive) Aktion der Gruppe TEEN / JUGEND
Mit Steinen sowie Mitgebsel (evtl. am Ende, nach der Predigt verteilen)

Predigt / Ansprache

Gemeinsames Lied

Segen

ELTERN UND KINDER

Biblischer Text: Matthäus 12,46-50

EINLEITENDE TEXTBETRACHTUNG ZU MATTHÄUS 12,46-50

Grundlegend

Der Text lädt nicht dazu ein, sich mit ihm zu befassen. Dies geht schon aus der Beobachtung hervor, dass die dem Autor dieser Zeilen vorliegenden Theologien des Neuen Testamentes nicht auf Matthäus 12,46-50 eingehen. Überhaupt gibt es relativ wenig Literatur, die sich ausdrücklich mit dieser Perikope beschäftigt. Dies ist ein Grund mehr sich mit folgenden exegetischen Anmerkungen auf diesen Text einzulassen.

Das Gespräch Jesu mit einem seiner Zeitgenossen über Jesu wahre Verwandte taucht in allen drei synoptischen Evangelien auf. Allerdings weichen die einzelnen Fassungen erheblich voneinander ab. Auffallend sind die Differenzen zwischen der Matthäus-Fassung und der Lukas-Fassung. Matthäus hat den längsten und Lukas den kürzesten Überlieferungsstoff. Der auffälligste Unterschied ist in der Tatsache zu finden, dass Lukas den Text Matthäus 12,48 und 49 weglässt. Dadurch wirkt die Argumentation Jesu in Matthäus 13, 46-50 etwas argumentativer und somit etwas moderater als das in der Lukas-Fassung zu sein scheint. Lukas 8,19-21 führt direkt von der Feststellung, dass seine leiblichen Verwandten auf ihn warten zu der Feststellung, wer seine wahren Verwandten sind. Markus und Matthäus stimmen bei einigen terminologischen Unterschieden im Inhalt weitgehend überein. Aus diesem fragmentarischen Befund ergeben sich keine Rückschlüsse auf den Werdegang des Traditionsstoffes.

Matthäus 12,46-50 folgt direkt auf Jesu Ablehnung der Zeichenforderung durch die Pharisäer (38-42) und seiner Ausführung über unreine Geister (43-45). Die hier behandelte Perikope wird durch »als er noch zu dem Volk redete« mit den vorausgehenden Abschnitten verbunden und in deren literarischen Kontext gestellt. Es folgt, durch »An demselben Tage« verbunden mit dem Gleichnis von Sämann (Matthäus 13,1-9). Damit wird der Abschnitt (Matthäus 12,46-50) in den Zusammenhang von

Auseinandersetzungen mit seinen Gegenspielern gestellt und semantisch durch diesen Zusammenhang beeinflusst.

Vers 46

Der Text ist eng verknüpft mit der vorausgehenden Auseinandersetzung um den bösen Geist. Damit bekommt Vers 46 eine feindliche Ausrichtung. Die Bedeutung dieser engen Verknüpfung bringt zum Ausdruck, dass die Auseinandersetzungen Jesu auch vor der eigenen Familie nicht aufhören. Auch bei den engsten Angehörigen wird die Auseinandersetzung mit einem bösen und abtrünnigen Geschlecht (Vers 39) geführt. Es sei hier nur kurz angeführt, dass die Bedeutung der Vokabel Bruder im Griechischen zur Zeit Jesu nicht deckungsgleich ist mit dem modernen deutschen Verständnis. Die leiblichen Nachkommen fielen darunter. Darüber hinaus umfasste die Bruderschaft auch Halbbrüder. Außerdem waren Stammesmitglieder eingeschlossen (H.Giesen, Bruder, in Horst Balz und Gerhard Schneider (Hg.), Exegetisches Wörterbuch zum Neuen Testament: Band I, Stuttgart: Verlag W. Kohlhammer, 2. Aufl., 1981, S.68).

Vers 47

Es klingt für den modernen Leser eigentümlich oder irritierend, dass sich die Familie Jesu durch einen Vermittler bei Jesus meldet. Dadurch kommt zum Ausdruck, dass die familiären Beziehungen hinter dem Auftrag zurückstehen muss.

Vers 48

Das Gespräch wird fortgesetzt mit einer Lehrfrage, die Jesus an die eigenen Zuhörer richtet. Durch diese Frage sagt Jesus die Trennung seiner Familienbande an und stellt gleichsam in einem Zug das Verhältnis zu seinen Jüngern in den Vordergrund. Diese Reaktion Jesu fällt um so mehr auf, als der Dekalog das Ehren der Mutter ausdrücklich verlangt (2.Mose 20,12; 21,17; 5.Mose 5,16). Auch in anderen Schriften des Neuen Testaments wird Elternehre ausdrücklich angemahnt (1 Timotheus 5,2; Römer 16,13). Jesu Reaktion gegenüber dem Wunsch seiner Verwandten bleibt schwer nachvollziehbar.

Die Gemeinschaft mit seinen Jüngern wird »in ihrer Unlöslichkeit und Vollständigkeit« deutlich gemacht (Adolf Schlatter, Der Evangelist Matthäus, Stuttgart: Calwer Vereinsbuchhandlung, 2. Aufl., 1933). Eine Begründung dieser schroffen Ablehnung der natürlichen Familienbande durch Jesus wird nicht gegeben.

Vers 49

Nachdem Jesus die Bindungen zu seinen Verwandten der Erfüllung seines Auftrages untergeordnet hat, formuliert er in Vers 49 positiv, wer zu seiner echten Verwandtschaft gehört. Die Antwort wird vorlaufend durch eine zeichenhafte Handbewegung vorweggenommen (Walter Grundmann, Das Evangelium nach Matthäus, Berlin: Evangelische Verlagsanstalt, 6. Aufl., 1986, S.336). Die wahren Verwandten sind nach

Handbewegung seine Jünger. Was die Jünger dazu qualifiziert zu Familie Jesu zu gehören bleibt offen (Grundmann folgert, dass die Jünger Jesu durch den Anschluss an Jesus zu wahren Verwandten werden. Weder definiert er den Begriff Anschluss, noch begründet er seine Position).

Vers 50

Den Willen Gottes zu tun, macht einen Mitmenschen zum Familienangehörigen Jesu. Zunächst bezeichnet Jesus sich selbst zum Sohn Gottes, indem er Gott zu seinem Vater im Himmel bezeichnet. Eine ähnliche Selbstbezeichnung Jesu führt später nach Matthäus 26,64 zur Verurteilung Jesu durch den Hohen Rat.

DAS THEMA FÜR KINDER

Eltern und Kinder

Das Thema Eltern ist nicht ganz einfach. Wir sollten bedenken, dass es die »normale, heile« Familie nicht wirklich gibt. Außerdem sollten wir uns unsere eigenen Erfahrungen mit unseren Eltern bewusst machen, weil sie unsere Haltung zu diesem Thema beeinflussen.

Für das Kind sind die Eltern die ersten und wichtigsten Bezugspersonen. Sie versorgen das Kind mit allem, was es zum Leben braucht. Nach und nach bemerken Kinder, dass die Eltern manchmal etwas nicht können. Kinder entdecken, dass sie manches selber können, ohne die Eltern zu brauchen. Von der Geburt an ist die Beziehung zwischen Eltern und Kind ständiger Veränderung ausgesetzt. Eltern und Kinder müssen lernen, wie man zusammenlebt, wie man streitet, wie man Abstand gewinnt und wieder auf einander zugeht. Es gibt weder die perfekten Eltern, noch das perfekte Kind. Es wäre gut für dieses Thema, wenn wir die Kinder in unserer Gruppe schon etwas kennen und etwas über den familiären Hintergrund wissen. Dann können wir uns schon vor der Stunde Gedanken machen, welche Themen man mit Vorsicht behandeln sollte.

Die Stunde soll keine »Muttertags-Danksagung« sein. Wir sollten darauf achten, dass Kinder auch die Möglichkeit haben, sich negativ über ihre Eltern zu äußern. Gerade darin stecken Chancen zu ehrlicher Auseinandersetzung und zum Gebet.

Einstieg: Meine Eltern

Geschichte: Ruth erzählt

Hallo, ich bin Ruth. Ich will euch erzählen, was mir passiert ist. Gestern lag ich noch krank in meinem Bett. Ich wohne nördlich von Israel und in meinem Land verehren wir viele Götter. Die Leute aus Israel glauben nur an einen Gott, uns nennen sie Heiden. Ich bin schon seit langer Zeit krank gewesen. Ich habe immer Anfälle bekommen, dann habe ich um mich geschlagen. Es war so schlimm, dass uns keiner mehr besuchen wollte. Die Leute sagten, ein böser Geist hätte mich verhext. Meine Mutter war traurig über meine Krankheit. Ich habe mir so sehr gewünscht, dass meine Mutter mir hilft, aber sie wusste auch nicht weiter. Eines Tages erzählte meine Mutter mir, dass ein Fremder aus Israel in unsere Gegend gekommen sei. Er habe schon vielen Menschen geholfen. Sein Name war Jesus. Ich hatte noch nie was von dem gehört, aber meine Mutter rannte sofort los, um ihn zu suchen. Als sie ihn fand, rannte sie hinter ihm her und schrie: »Ach, hilf doch meiner Tochter. Mach sie gesund!« Ich weiß, dass meine Mutter Angst hatte, dass Jesus sie fortschicken würde, weil wir zu den Heiden gehören. Trotzdem hat sie sich vor ihm auf den Boden geworfen, damit er nicht an ihr vorbei geht. Aber Jesus sagte: »Erst brauchen die anderen Hilfe.« Meine Mutter war verzweifelt. Jesus wollte nur den Menschen in Israel helfen. Sie wollte nicht aufgeben, deshalb bat sie Jesus noch einmal. Jesus war erstaunt, dass meine Mutter so fest an ihn glaubt, deshalb sagte er: »Es geschieht was du wolltest.« Als meine Mutter zu mir nach Hause kam, war ich schon gesund. Die Anfälle hatten aufgehört und mir ging es richtig gut. Ich bin glücklich, dass meine Mutter sich soviel Mühe gemacht hat, obwohl sie mir nicht alleine helfen konnte.

Übertragung: In meine Hand

Material: Stifte, Papier

Nach der Geschichte soll jedes Kind zwei Hände auf Pappe malen und ausschneiden. Die Hände sollten groß genug sein, dass die Kinder Platz zum malen und schreiben haben. Eine Hand steht für das, was sie von ihren Eltern bekommen. Die andere Hand steht für das, was sie sich von ihren Eltern wünschen. Wir fordern die Kinder auf, auf die erste Hand zu malen oder zu schreiben, was sie an ihren Eltern besonders mögen. Die Kinder können erst ein bisschen erzählen, bevor sie beginnen. Auf die zweite Hand können die Kinder schreiben oder malen, wobei die Eltern Hilfe brauchen, was sie nicht alleine können oder worin sie nicht so gut sind.

Beispiele: Was mögen wir an unseren Eltern?

- Meine Mama kauft mir Pudding.
- Ich darf manchmal lange aufbleiben.

- Papa liest mir abends vor.
- Ich mag es, wenn wir kuscheln.

Beispiele: Was können unsere Eltern nicht alleine/können sie nicht so gut?
- Wenn ich krank bin, müssen wir zum Arzt gehen.
- Mein Papa ist oft ungeduldig, wenn er mir was erklärt.
- Manchmal sind meine Eltern streng und hören mir nicht richtig zu.

Wenn die Kinder fertig sind (oder die Stunde zu Ende ist) tragen wir die Ergebnisse zusammen.

Vorbereitung des gestalterischen Elementes für den Gottesdienst: Gebet

Wir erklären den Kindern, dass wir für den Gottesdienst ein Gebet zusammentragen wollen. Die Hände, auf denen steht, was die Kinder an ihren Eltern mögen, sind für den Dank. Die anderen Hände sind für die Fürbitte. Dabei sollten wir den Kindern erklären, Eltern auch manchmal Hilfe brauchen und manchmal nur Gott helfen kann.

Ein Mitarbeiter sollte die Beiträge der Kinder zusammenfassen und sie möglichst an der Formulierung des Gebets beteiligen, zum Beispiel in der Wahl der Anrede Gottes (Herr, lieber Gott, Vater...). Es wäre besonders schön, wenn die Kinder im Gottesdienst selber beten würden. Wenn die Kinder nicht wollen, sollte ein Mitarbeiter das Gebet vortragen und vielleicht vorher erklären, wie es entstanden ist. Besonders wichtig ist, dass auf keinen Fall Namen im Gebet genannt werden, um nicht einzelne Personen oder Familien mit ihren Problemen bloßzustellen. Dank und Bitte sollte sich immer auf die Eltern allgemein beziehen.

Beispiel für ein Gebet
Lieber Gott,
Wir danken dir, dass unsere Eltern so viel können. Sie kümmern sich um uns. Sie kaufen für uns ein und kuscheln mit uns. Danke, dass unsere Eltern uns zuhören und manchmal Ausnahmen machen.
Wir wissen auch, dass Eltern manchmal Hilfe brauchen. Bitte hilf du ihnen, wenn sie ein Problem haben. Bitte schenk ihnen Geduld mit uns Kindern und mit sich selbst. Bitte sei du immer bei ihnen und tröste sie, wie sie das mit uns machen.
Herr, segne unsere Eltern
Amen

Abschluss: Gemeinsames Gebet

Das Beispielgebet kann am Ende gemeinsam gebetet werden.

DAS THEMA FÜR JUGENDLICHE

Halt mich – lass mich!

Die Teilnehmer sollen anhand von Szenen, die sie selbst darstellen, das Spannungsfeld zwischen »als Kind gehalten und umsorgt werden« und »frei gelassen werden« aufzeigen können und beiden Seiten ihren Wert abgewinnen. Sie sollen die Situation der Eltern nachempfinden können und Mut gewinnen, ihren eigenen Weg zu gehen, um sich gesund ablösen zu können. In dem Zusammenhang sollen sie Mut bekommen, sich anzuschauen, wo sie selbst Fehler gemacht haben und wo die Eltern. Dabei kann sich das Thema »Vergebung« anschließen. Da sich die Teenager genau in dem Ablösungsprozess befinden und sich gleichzeitig nach Schutz, Geborgenheit und nach Freiheit sehnen, ist es keine große Herausforderung, ihnen dieses Thema wichtig zu machen. Es ist ihnen sowieso wichtig.

Einstieg: Brainstorming »Eltern«

Material: Pinwand, Plakate, Reißzwecken, Stifte
An die Pinwand werden zwei Plakate gehängt. Auf dem einen Plakat steht als Überschrift »Eltern sind ...«. Auf dem anderen Plakat steht »Eltern sollten so sein, dass ...«.

Die Teilnehmer haben jetzt die Möglichkeit, auf die Kärtchen stichwortartig Eigenschaften und/oder Verhaltensweisen der Eltern aufzuschreiben, die entweder der einen oder der anderen Plakatwand zugeordnet werden können. Diese Zuordnung wird dann auch vorgenommen. Die Teilnehmer erklären kurz, was sie auf ihre Karte(n) geschrieben haben. Je nach Größe der Gruppe wird es nötig sein, die Anzahl der Karten zu limitieren, damit jeder die Möglichkeit hat, einen Beitrag zu geben.

Zielgedanke der Hinführung: Die Teilnehmer werden auf das Thema »Verhältnis Eltern – Kind« eingestimmt, indem sie persönliche Eindrücke und Wünsche weitergeben können.

Erarbeitung: Aussagen diskutieren und kommentieren

Folgende Aussagen werden per Overhead o.ä. an die Wand projiziert:

- Kinder sollen für sich selbst verantwortlich sein!
- Das weiß ein Kind schon selbst, was gut für es ist!
- Du kannst gehen!

- Ich bin doch für mein Kind verantwortlich!
- Ich liebe mein Kind und deshalb muss ich doch helfen!
- Für mein Kind tue ich alles!

Gruppendiskussion

Es folgt eine Gruppenarbeit in vier Gruppen.

Gruppe 1: Bewertet die ersten drei Aussagen im Zusammenhang mit Matthäus 15, 21-28.
Gruppe 2: Bewertet die ersten drei Aussagen im Zusammenhang mit Matthäus 12,46-50.
Gruppe 3: Bewertet die zweiten drei Aussagen im Zusammenhang mit Matthäus 15,21-28.
Gruppe 4: Bewertet die zweiten drei Aussagen im Zusammenhang mit Matthäus 12,46-50.

Im Anschluss an die Gruppendiskussion werden die Ergebnisse zusammengetragen. Dabei sollen die Ergebnisse in Bezug zu den beiden Plakatseiten gesetzt werden. Es wird deutlich, dass jedes Verhalten je nach Situation und Lebensumstand des Kindes richtig und falsch sein kann.

Zielgedanke der Erarbeitung: Die Tatsache, dass die Teilnehmer Eltern so bewerten, wie sie das in der Einführung getan haben, hängt mit ihrer persönlichen Lebenssituation zusammen. Dass diese relativ ist, wird durch diese Gruppenarbeit deutlich gemacht.

Übertragung 1: Szenen erarbeiten und vorspielen

Die vier Gruppen entwerfen je eine Szene entsprechend ihrer Aufgabenstellung aus der Erarbeitungsphase. Es gibt also eine Szene, die darstellt, wie negativ es ist, wenn ein Kind im Stich gelassen wird; eine die zeigt, wie wichtig es ist, dass Liebe sich durch »sich sorgen um« zeigt; eine, die zeigt, dass Liebe auch loslassen bedeutet und eine die zeigt, welch fatale Folgen es hat, wenn Eltern ihr Kind nicht loslassen können oder wollen.

Die selbst erarbeiteten Stücke werden dann vor der Gruppe vorgeführt. Hier können dann auch noch Ideen, die aus den Szenen der Gruppen 1-4 kommen in die Gottesdienst-Szene übernommen und eingebaut werden.

Zielgedanke der Übertragung: Die Teilnehmer sollen den Lebensbezug des Themas herstellen können. Durch die gemeinsame Szene ist die Chance gegeben, dass das Bühnenstück auch eine gemeinsame Sache ist. Es bekommt verbindenden Charakter.

Vorbereitung des gestalterischen Elementes für den Gottesdienst: Spielszene

Zeitgleich zur Gruppenarbeit wird aus jeder Gruppe wird ein freiwilliger Teilnehmer ausgewählt, der in eine fünfte Gruppe geht. Diese Gruppe hat die Aufgabe, eine kurze Szene zu entwerfen, in der die Spannung zwischen »versorgen« und »loslassen des Kindes« dargestellt wird. Da diese Szene dann im Gottesdienst gespielt wird und es sinnvoll ist, sie vor die Predigt zu setzen, bietet es sich an, durch ein Negativbeispiel einen Spannungsbogen zu erzeugen, der den Gottesdienstbesucher auf die Problematik einstimmt.

Vorschlag für die Spielszene

Die Bühne ist zweigeteilt. Das Stück spielt parallel auf zwei Bühnenhälften. Auf der einen Bühnenhälfte wird ein Kind gezeigt, das ständig von den Eltern umsorgt wird, so sehr, dass es keine eigenen Freiräume hat. Eigene Wünsche und Vorstellungen werden im Keim erstickt und von den Vorstellungen der Eltern überlagert. Denen kann das Kind nicht genügen und es resigniert. Parallel dazu wird auf der anderen Bühnenhälfte die Lebenssituation eines Kindes gezeigt, um das sich keiner kümmert, das Ablehnung und Nichtbeachtung erlebt. Es wird nicht ermutigt. Es resigniert. Das Finale des Stücks kann sein, dass das Kind auf der ersten Bühne laut ruft »Lasst mich doch endlich mal in Ruhe!« und das Kind auf der zweiten Bühne ruft: »Warum kümmert sich denn nie jemand um mich!« Die Szenenfolge sollte so gespielt werden, dass immer die Bühnenhälfte eingefroren ist (= Darsteller bewegen sich nicht), auf der gerade nicht gespielt wird. Dann wird der Wechsel deutlich und die Gottesdienstbesucher können leichter folgen.

Übertragung 2: Situation beschreiben

Situation 1
Anne und Christine gehen Klamotten kaufen. Anne kauft immer das, was Mama gefällt. Christine kauft immer, was der Mama nicht gefällt.

Frage an die Gruppe: Welches der beiden Mädchen ist frei?
Antwort: Keine! Beide stellen die selbe Frage: Was gefällt Mama? D.h. das treibende Motiv ist der Geschmack von Mama. Völlig egal, ob Anne Mama gefallen möchte und Christine gerade nicht gefallen möchte, beide denken an Mama! Freiheit bedeutet, zu fragen: »Was gefällt mir?« Das Ergebnis kann sein, dass Kleidungsstücke in den Schrank kommen, die Mama gefallen – und solche, die nicht. Ist aber nicht so wichtig. Das ist nicht die treibende Kraft. Weil du weder Mama gefallen, noch dich an ihr rächen musst.

Frage: Wie kommt man dahin, frei zu entscheiden?

Kurze Erläuterung zu Johannes 16, 7+8 als Hinführung zur Einzelarbeit.
Der Heilige Geist hat als Beinamen auch »Tröster«. Einen Tröster brauche ich nur, wenn ich Schmerz verspüre. Im Umgang mit Eltern hat man vielleicht viel Schmerzhaftes erlebt. Das darf man ansehen, weil Gott uns im Heiligen Geist diesen Tröster geschenkt hat. Der deckt die Sünde auf. Damit ist nicht einfach gemeint, dass er zeigt, was moralisch verwerflich ist. Es bedeutet, er deckt auf, was an zerstörerischen Strukturen da war, welche Lügen man über sich selbst geglaubt hat, weil man z.B. in einer lieblosen Atmosphäre aufgewachsen ist. Er hilft, Vergebung zu bekommen. D.h. zum einen, dass man frei werden kann von den Bindungen und Belastungen aus der eigenen Geschichte mit den Eltern, indem man ansieht, was sie tatsächlich falsch gemacht haben und ihnen vergibt. Das heißt auf der anderen Seite, dass es Vergebung gibt für die eigenen falschen Reaktionen wie Wut, Rückzug oder Leistungsdenken, so dass Befreiung möglich ist.

Einzelarbeit: Brief an meine Eltern.
Der Brief, den jeder an seine Eltern schreiben soll, hat diese Spalten:

- Dafür danke ich dir, Vater:
- Dafür danke ich dir, Mutter:

- Das habe ich bei dir vermisst, Vater:
- Das habe ich bei dir vermisst, Mutter:
- Dafür möchte ich mich bei euch entschuldigen, weil ich falsch reagiert habe:

Zielgedanke der Übertragung 2: Persönlicher Lebensbezug wird hergestellt. Dabei soll durch bewusste Vergebung eine Freisetzung geschehen, so dass die Teilnehmer anders reagieren können, als ihr Lebensmuster bisher befohlen hat.

Abschluss: Zeit zum Gebet

Es wird eine gemeinsame Zeit für Dank / Fürbitte für Eltern und die Teenager in ihrem Ablösungsprozess angeboten. Es bietet sich an, zum persönlichen Gespräch und Gebet einzuladen, wenn jemand über das, was er oder sie aufgeschrieben hat, beten möchte.

Vorbereitung des gestalterischen Elementes für den Gottesdienst: Anspiel

Die Jugendlichen spielen das fünfte erarbeitete Stück im Gottesdienst vor. Es muss im Vorfeld des Gottesdienstes abgesprochen werden, an welcher Stelle das Bühnenstück passend ist. Die Erfahrung zeigt, dass es sinnvoll ist, es vor die Predigt zu setzen. Voraussetzung ist dabei jedoch, dass der Prediger die Herausforderung annimmt und das Stück als Einstieg zur Predigt benutzt, so dass es zum Teil der Botschaft wird. Gerade wenn das Stück Fragen aufwirft, ist es wichtig, dass diese – und nicht andere – in der Predigt beantwortet werden.

DAS THEMA FÜR ERWACHSENE

Behüten und Loslassen

Der Übergang von einer Partnerschaft/Ehe hin zum Familienleben ist vollzogen. Kinder sind da und beschäftigen in ihren unterschiedlichen Entwicklungsphasen das Denken und Handeln der Eltern. Es gibt sehr viele schöne Momente und Zeiten. Aber auch immer wieder Zeiten besonderer Herausforderungen, die gemeistert werden

wollen. Die Kinder können krank werden, müssen sich immer wieder mit neuen Gruppensituationen anfreunden und in Gemeinschaften integrieren (beginnt in der Regel mit dem Kindergarten). Das will begleitet und aufgefangen werden. Die Kinder werden mit zunehmendem Alter selbständiger. Das Verhältnis von Kindern und Eltern ist dabei in Abständen Veränderungen unterworfen. Dabei entsteht ein Spannungsbogen, der vom Behüten zum Loslassen führt. »Behütet werden und Losgelassen werden« ist dabei vielleicht noch die passendere Beschreibung. Zwei Spannungspole, zwischen denen sich im Laufe der Entwicklung vom Kleinkind zum Jugendlichen immer mehr das Gewicht vom Behüten zum Loslassen verlagert. Eltern kommen dabei auch immer wieder in die Situation, plötzliche Sprünge in der Entwicklung ihrer Kinder festzustellen. Gewisse Dinge »gehen nicht mehr«. Die Kinder haben z. B. einfach keine Lust mehr, gemeinsame Ausflüge mit den Eltern zu unternehmen. Sowohl die Kinder als auch die Eltern stehen vor der Aufgabe, die Beziehung zueinander neu zu gestalten. Das kann für Eltern oft schmerzhaft sein, da man sich ab gewissen Punkten nicht mehr korrigieren kann bzw. Versäumnisse dann einfach nicht mehr nachholen kann. Hier ist es wichtig, sich positiv auf den Rest der gemeinsamen Zeit einzustellen bzw. sich Positives für diese Zeit vorzunehmen.

Einstieg: Foto meines Kindes

Vorbereitung: Die Gruppenteilnehmer werden gebeten, jeweils ein Foto ihrer Kinder mit zu diesem Treffen zu bringen.
So geht's: Während jeweils das Foto eines Kindes oder eines Geschwisterpaares herum gereicht wird, sollten die Mutter / der Vater / die Eltern das Kind mit zwei bis drei Sätzen vorstellen (Name, Alter, Lebensphase ...). Anschließend sollen sie von einem besonders schönen und einem schwierigen Erlebnis mit diesem Kind erzählen. Je nachdem wie groß die Gruppe ist und wie viel Zeit zur Verfügung steht, kann das im Plenum geschehen oder man bildet kleine Gruppen von jeweils fünf Personen. »Mutige« Teilnehmer dürfen anschließend auch gerne berichten – freiwillig – wie sie sich in diesen Situationen gefühlt und verhalten haben. Unter Umständen auch, ob sie sich an jemanden gewandt haben. Die Frage: »Welche Rolle hat Gott für mich in diesen Situationen gespielt?« kann angeschlossen werden.

Erarbeitung 1: Lied und Diskussion

Es wird das Lied von Rolf Zuckowski eingespielt: »So wollt ich doch nie sein« (enthalten u.a. auf der Produktion »Rolf Zuckowski – Der Spielmann mit all seinen Freunden – Das Beste aus 20 Jahren; Polydor Musik für Dich, 1997, Hamburg)

Die Gruppenteilnehmer werden um eine Aussage zu diesem Lied gebeten. Jeder und jede soll Raum haben, die eigenen Gedanken zu diesem Text mitteilen zu können.

Erarbeitung 2: Kurze Aussagen zu den biblischen Texten

Es gibt immer wieder Situationen in denen Müttern und Vätern bewusst wird, dass sie etwas an ihren Kindern versäumt haben: Bestimmte Lebensphasen nicht bewusst wahrgenommen oder begleitet zu haben, in ganz genau zu bestimmenden Situationen nicht richtig reagiert zu haben und manchmal auch ganz banal ihre Kinder ungerecht behandelt haben. In den zu Grunde liegenden Bibeltexten werden sehr konkrete Situationen beschrieben, in denen Elternteile an und für ihre(n) Kinder handeln. Zumindest zweimal in sehr existenziellen Situationen. Und ihr Handeln erfährt eine positive Bestätigung. Der Bibelleser erfährt nicht, wie diese Elternteile sich in ihrer Beziehung zum Kind vorher verhalten haben und im Nachhinein weiter verhalten werden.

Gruppenarbeit am biblischen Text

Die Teilnehmenden bilden drei Gruppen und erarbeiten die biblischen Texte (Matthäus 15,21-28, Johannes 4,43-53 und Matthäus 12,46-50). Dabei soll die Handlung erfasst und diskutiert werden. Die gesamt Gruppe kommt anschließend zusammen und stellt sich gegenseitig die Handlungsverläufe in den Geschichten vor.

Übertragung: Was hat das Ganze mit mir zu tun?

Bei diesem Thema gibt es eine Reihe von Zugangs- und Beschäftigungsmöglichkeiten. Da sind die »Glucken«, deren Kinder überbehütet heranwachsen und Eltern, die definitiv zu wenig Zuwendung und Beachtung schenken. Eltern die zu wenig zutrauen, sich einmischen und vorschreiben wollen und andere, die nie richtig Zeit haben und die Sorgen und Nöte ihrer Kinder nicht wahrnehmen. Und es gibt viele Eltern, sicherlich der Großteil, bei denen es nicht nur ein »entweder – oder« gibt. Kinder erleben hier immer wieder Spannungen in unterschiedlicher Ausprägungen im Laufe ihrer

Entwicklung. Sowohl in Johannes 4 als auch in Matthäus 15 werden Eltern vorgestellt, die sich einerseits um ihr Kind sorgen und sich für dessen Wohlergehen einsetzen, die aber andererseits an die Grenzen ihres Könnens und ihrer Möglichkeiten gestoßen sind. Und die sich deshalb an einen anderen, an Jesus, wenden, von dem sie sich Rat und Hilfe erbitten. Sehr normale Menschen, die sicherlich auch immer wieder an die Grenzen ihrer erzieherischen Fähigkeiten geführt wurden und auch weiterhin werden, die aber in existenziellen Situationen wissen, an wen sie sich wenden müssen. Die sich an Jesus dranhängen.

Johannes 4, 43-53
Exemplarisch soll der Vater aus Johannes 4 noch einmal kurz betrachtet werden. Kinder brauchen Eltern wie diesen Vater, der durch das, was er auf sich nimmt und zu tun bereit ist, zeigt, wie wichtig ihm sein Sohn ist. Der um Hilfe bittet und sich in eine Situation begibt, in der er abgewiesen werden kann.

Es wird nichts gesagt zum Alter des Kindes oder des Vaters. Man weiß nur, dass der Sohn todkrank und wohl auch nicht mehr transportfähig ist und das der Vater ein ranghoher Beamter des Königs war. Der sicherlich auch entsprechend engagiert und gefordert in seinem Job ist und sicherlich auch nicht immer die Zeit aufgebracht hat für seinen Sohn, die sich der Sohn eigentlich gewünscht hätte. Was wird der Vater gedacht haben auf dem Weg zu Jesus und später wieder nach Hause? An welche Situationen im Leben mit seinem Sohn hat er gedacht? An welche u. U. versäumte Gelegenheiten? Die folgenden Texte werden gelesen. Nach jedem Text kann gefragt werden, ob sich die Teilnehmenden darin entdecken.

Gedanken eines Vaters auf dem Weg 1
»Ich hoffe sehr, dass dieser Jesus meinem Sohn helfen wird. Ich habe jetzt schon so viel von seinen Fähigkeiten gehört. Diese Tagesreise wird hoffentlich nicht umsonst sein. Tagesreise? Tatsächlich, ich bin jetzt schon fast einen Tag unterwegs. Soviel Zeit am Stück habe ich mir bisher selten für meinen Sohn genommen. War ja immer genug zu tun. Und zwischendurch brauchte ich einfach auch Zeiten zum Abspannen. Aber hätte ich mir mal diese Zeit genommen. Eigentlich hatte ich mir vorgenommen, viele Dinge gemeinsam mit ihm zu unternehmen. Seine Welt gemeinsam mit ihm zu entdecken. Und jetzt? Neulich habe ich mitbekommen, dass er seine ganzen »Powerranger-Figuren« eingepackt hat um sie auf dem Flohmarkt zu verkaufen. Wie oft hat er mich gebeten, doch mal mit ihm und seinen »Powerrangern« zu spielen. Und als ich mitbekam, dass er sich nun von diesem Spielzeug trennen wollte, wollte ich unbedingt doch wenigstens einmal mit ihm und diesen Figuren gespielt haben. ‚Ne', hat er

gesagt, ‚lass mal, Papa, da habe ich jetzt echt keinen Bock mehr drauf. Die verkaufe ich nächste Woche auf dem Flohmarkt.' Da war ich ganz schön geknickt. Wenigstens die »Playmobil-Piraten« sind noch angesagt. Gleich bei der nächsten Gelegenheit wollte ich mit ihm damit einen ganzen Nachmittag spielen, bevor er endgültig Teenager wird. Und endlich mal wieder zusammen schwimmen gehen. Und jetzt hat er diese blöde Krankheit bekommen. Wenn er stirbt ..., so vieles haben wir noch nicht zusammen unternommen und über so vieles noch nicht geredet. Hoffentlich kommt Jesus mit und hoffentlich kann er meinem Sohn helfen.«

Gedanken eines Vaters auf dem Weg 2
»'Geh nach Hause, dein Sohn ist gesund!' Hatte Jesus das wirklich gesagt? Ja, das hatte er wortwörtlich so gesagt. Ich glaub das jetzt einfach. Was soll ich auch sonst machen? Aber dieser Jesus hat das so überzeugend gesagt. Wahnsinn! Eine halbe Tagesreise noch. Ich wünschte, ich könnte schneller da sein. Und ich wünschte immer noch, dass ich in einigen Situationen der vergangenen Jahre anders reagiert hätte, mir mehr Zeit für meine Kinder und überhaupt meine Familie genommen hätte. Aber wenn mein Sohn gesund ist, dann wird sich das ändern. Grundlegend. Ich habe es mir jedenfalls fest vorgenommen. Vielleicht sollte ich einen festen Tag oder Nachmittag in der Woche einplanen und den richtig wahrnehmen. Und wenn Jesus das Wunder tun kann, meinen Sohn gesund zu machen, wird er mir auch bei den alltäglichen Planungen helfen. Und mir auch helfen, auf eine grundsätzlich andere Verhaltensweise hinzuarbeiten.«

Meine Überlegungen
Die Teilnehmenden erhalten Zeit, sich ihre eigenen Gedanken zu machen und sich, wenn angebracht, konkrete Vorhaben für die eigenen Situation zu überlegen.

Abschluss: Gebet

Zum Abschluss der Gruppenstunde kann in kleinen Gruppen gebetet werden. Jeder kann z.B. für die Person rechts neben ihr beten. In den Kleingruppen ist es ratsam, sich Zeit zu nehmen zum Nennen von Gebetsanliegen in Anlehnung an diese Thematik. Dies sollte den Schwerpunkt der Gebetszeit bilden.

Vorbereitung des gestalterischen Elementes für den Gottesdienst: Monolog als Anspiel

Der Monolog des Vaters auf dem Weg zu Jesus und zurück wird vortragen.

DAS THEMA FÜR SENIOREN

Kinder – meine Familie

Viele Blickwinkel bestimmen die Thematik »Kinder – meine Familie« im Seniorenalter. Die eigenen Kinder sind zumeist aus dem Haus und führen ein eigenes Leben. Als Elternteil hat man kaum noch die Möglichkeit, Einfluss auf die Lebensgestaltung der erwachsenen Kinder zu nehmen – unabhängig davon, ob der Lebenswandel gefällt oder nicht. Die Beziehung zum erwachsenen Kind ist zwiespältig: Auch ein erwachsener Mensch bleibt sein Leben lang Kind seiner Eltern. Die Rollen, die von den Eltern in der Beziehung zu ihren erwachsenen Kindern besetzt werden, sind gänzlich unterschiedliche: Ratgeber, stille Unterstützer, Dulder, Mitarbeitende im Lebensentwurf der erwachsenen Kinder, Ersatz-Eltern für die Enkel, Vertraute, Kritiker und ggf. sogar unversöhnte Gegner. Die Teilnehmenden werden sich in ebenso unterschiedlichen Rollen wiederfinden. Vielfach sind Ereignisse der Vergangenheit, manchmal unbearbeitet und verdrängt, ursächlich verantwortlich für das Verhältnis im aktuellen Bezug. Diese vergangenen Ereignisse beschäftigen die Eltern. »Was wäre gewesen, wenn ...«, »Hätte ich doch nur ...« und »Wie gerne würde ich noch mal ...« sind Satzanfänge, die häufig verwendet werden. Die Notwendigkeit, Ereignisse aus der Vergangenheit zu bearbeiten, tritt nicht selten hervor. Neben der Besetzung von neuen Rollen in der Beziehung und der Aufarbeitung der Vergangenheit spielt die Frage nach der Zukunft eine Rolle bei den Senioren. »Werde ich zum ›Kind‹ meiner Kinder werden? – Pflegebedürftig und angewiesen?« Die Frage nach der Begleitung und Versorgung im Alter und der Rolle der eigenen Kinder dabei beschäftigt die Gedanken. Wünsche und Hoffnungen entstehen ob man will oder nicht. Dazu entstehen auch Fragen: »Werde ich meinen Kindern eine Last sein?« »Werden sich meine Kinder um mich kümmern können?« Wenn der eigene Lebenspartner fehlt, rücken die erwachsenen Kinder häufig erneut in die Mitte des Beziehungsinteresses.

Einstieg: Meinen Kindern bin ich ... / Meine Kinder sind für mich ...

Material: Papier, Stifte
In einem stillen Gespräch haben die Teilnehmenden Zeit, ihre ganz persönlichen Gedanken auf ein Blatt Papier zu schreiben. Diese Gedanken können mitgeteilt werden, dies muss aber nicht geschehen.

Erarbeitung 1: Wer ist meine Familie?

Text: Jesu definiert die Familie
Der Text aus dem Matthäusevangelium wird gemeinsam gelesen und besprochen. Schlüsselfragen können sein:
- Kann man so die eigene Familie behandeln?
- Welche Priorität setzt Jesus?
- Habe ich so etwas schon einmal erlebt?

Übertragung 1: Ein Brief

Der folgende (fiktive) Brief wird gelesen. Anschließend wird eine Kopie davon an jeden Teilnehmenden ausgeteilt. Es soll zu einem Gespräch kommen. Der Inhalt des Briefes soll kommentiert werden.

Brief 1
Frankfurt am 4. März
Liebe Mutter,
mit deiner Anfrage hast du uns überrascht. Christine und ich haben danach den ganzen Abend und die halbe Nacht zusammen gesessen und überlegt. Und in den letzten Tagen haben wir das Thema immer und immer wieder besprochen. Deine Anfrage ist uns nicht unangenehm oder lästig. Du hast dich am Telefon oft entschuldigt dafür, dass du uns mit einer solchen Anfrage überraschst. Das wäre aber nicht nötig gewesen. Schließlich ist Papa seit drei Jahren nicht mehr da und du lebst alleine in den großen Haus. Früher, als wir alle noch dort wohnten, ihr beide, Sonja, Petra und ich, war es nicht so einsam und leer wie es jetzt ist. Natürlich machst du dir nun Gedanken darüber, was mit dir in den nächsten Jahren wird und wo du deinen Lebensabend verbringen kannst. Christine und ich freuen uns darüber, dass du dir ein Zusammenleben in unserem Haus vorstellen kannst. Seit ich wieder in der Firma arbeite, steht die Einliegerwohnung, die wir als Büro genutzt haben, leer. Denkbar wäre es also. Christine und ich haben uns gefragt, ob wir das können und wollen. Du weißt, dass wir dich von Herzen lieb haben. In den ersten Jahren wäre es sehr schön. Die Kinder würden sich darüber freuen, eine Oma ganz in ihrer Nähe zu haben. Christine will wieder mit einer halben Stelle anfangen und da wäre eine Unterstützung sehr hilfreich. Und dann? Was kommt, wenn die Kinder älter sind und noch nicht mal mehr ihre Eltern brauchen? Christine und ich haben überlegt, ob wir uns dann erneut binden wollen. Wenn wir jetzt dieses Wagnis eingehen, dann würden wir auch für dich da sein wollen, wenn du krank wirst und eine Begleitung brauchst. Natürlich gibt es die Unterstützung der ambulanten Hilfe. Die Bindung wäre dennoch sehr intensiv. Christine und ich können uns dazu nicht entschließen. Wir haben Angst vor dieser intensiven

Bindung. Das ist kein endgültiges Nein. Wir sind einfach noch nicht so weit um entscheiden zu können, ob wir diese Bindung verantwortlich eingehen können und wollen. Wenn du bei uns einziehst, dann würden wir Fakten schaffen, die wir nicht überblicken können. Das können wir noch nicht. Wir hoffen, dass dich diese Reaktion nicht verletzt.
Wir haben uns auch Gedanken darüber gemacht, wie es mit deiner Situation weiter geht. Ich habe mit Petra und Sonja telefoniert und um ihre Meinung gebeten. Schließlich sind wir auf folgende Idee gekommen. In der Nachbarschaft (drei Straßen weiter) ist eine Eigentumswohnung frei geworden, die ein Freund aus der Kirchengemeinde verkauft. Sie würde deinen Anforderungen genügen. Balkon zur Südseite, Geschäfte und Arzt zu Fuß zu erreichen und so weiter. Verkaufe doch das Haus und zieh nach Frankfurt. Wir wären näher beieinander und könnten uns in den nächsten Jahren in Ruhe überlegen, wie es weitergeht. Was sagst du dazu?
Herzlich, dein Martin

Übertragung 2: Brief an meine Kinder

Material: Zettel, Stifte
Die Teilnehmenden formulieren (alleine oder in kleinen Gruppen) eine Antwort auf den Brief. Die Ergebnisse können in der großen Gruppe diskutiert werden.

Vorbereitung des gestalterischen Elementes für den Gottesdienst: Anspiel

Unter dem Motto »Was ich meinen Kindern wünsche« formulieren die Teilnehmenden eine Art Sprechmotette mit kurzen Sätzen.

Textvorschlag
Ich wünsche meinem Kind ...
Ein gerades Kreuz, ein wenig biegsam, dass man aufrecht bleiben kann, wenn es Not tut und ausweichen kann, wenn es klüger ist.
Gesundheit und die Kraft, mit der Krankheit umzugehen etc.

Abschluss: Segenszuspruch

Eltern und Kinder, Kinder und Eltern

Eröffnungslied: In Gottes Haus sind offene Türen
Möglichst gemeinsam singen lassen. Ruhig mit Bewegungen.
Text & Musik: Hella Heizmann © 1993
Auf CD/MC »HELLA FÜR MINIS«
Verlag Schulte & Gerth, Asslar, 1993

Begrüßungsmoderation mit Bezug zum Eingangslied und Lesung des dem Gottesdienstmotto zugrunde liegenden Bibeltextes und evtl. Eingangsgebet

Anspiel der Gruppe TEEN / JUGEND
Motto: »Meine Eltern und ich« / Umsetzung von Fürsorge und Selbstbestimmung

Gebet / Lied / liturgische Texte der Gruppe KINDER

Gemeinsames Lied oder Instrumentalstück

Textvortrag der Gruppe ERWACHSENE (MANN/FRAU)
»Gedanken auf dem Weg« – Monolog des Vaters auf dem Hin- und Rückweg zu Jesus

Lobpreiszeit / Gebetszeit

Predigt / Ansprache

Gemeinsames Lied

(Interaktive) Aktion der Gruppe SENIOREN »Wünsche für mein Kind«

Segen

OSTERN

Biblischer Text: Matthäus 27,31-61 und 28,1-10

EINLEITENDE TEXTBETRACHTUNG: MATTHÄUS 27,31-61 UND 28,1-10

Matthäus 27,31-61

Dieser relativ lange Textabschnitt umfasst den Gang Jesu zum Kreuzigungsort, die Ereignisse unmittelbar unter dem Kreuz und die Grablegung. Wegen der Länge des Textes und der Stofffülle ist nur eine Exegese des Textes im Überblick möglich. Es fällt an der Darstellung in diesem Text auf, dass auf jegliche Effekthascherei beim eigentlichen Kreuzigungsakt verzichtet wurde. Nur ein kurzer Satzteil (Vers 35: »Als die ihn aber gekreuzigt hatten …) stellt die Tatsache der Kreuzigung fest.

Verse 31-37
Die Verse beschreiben den Weg zum Kreuz und die Feststellung der Kreuzigung. »Matthäus stellt also die Kreuzigung vor allem unter das Thema des Hohnes.«(Eduard Schweizer, Das Evangelium nach Matthäus, Göttingen: Vandenhoeck & Ruprecht, 1981, S.334). Das ist eine Fortsetzung der Verspottungsszene aus Matthäus 27,27-31. Nach V.34 »gaben sie ihm Wein zu trinken mit Galle vermischt.« Als Jesus schmeckt, was die Soldaten ihm zu trinken geben, lehnt er die Getränkemischung ab, da er merkt, dass man ihn verspotten will. Die Beimischung von Galle dient der Verhöhnung des Sterbenden. Jesus lehnte ab, als er die Intention seiner Peiniger durchschaute. Es entsprach jüdischer Sitte, einem Sterbenden ein bitteres, betäubendes Getränk zu geben (vgl. Hermann L. Strack und Paul Billerbeck, Das Evangelium nach Matthäus erläutert aus Talmud und Midrasch, München: C. H. Beck'sche Verlagsbuchhandlung, 3.Aufl., 1926, S.1037).

Der Autor des Matthäus hat in diesem Vorgang vermutlich eine Erfüllung von Psalm 69,22 gesehen. Allerdings ist in Psalm 69,22 Galle und Essig aus der Bosheit der Gegner dem Beter zum Durst löschen gegeben worden. Wein diente der Betäubung des leidenden Gekreuzigten.

Die Vollstreckung des Todesurteils wurde durch römische Soldaten ausgeführt. Der Gekreuzigte musste sein Kreuz selbst tragen. Matthäus berichtet, dass Jesus dies metaphorisch von seinen Nachfolgern gefordert hatte (Matthäus 10,38).

Die Tatsache, dass die Gekreuzigten bewacht wurden, war vermutlich dadurch begründet, dass die Gefangenen nicht befreit werden konnten (vgl. Schweizer, Matthäus, S.335). In der explosiven Atmosphäre im Israel zur Zeit des irdischen Jesus, die angefüllt war mit Erwartungen vom Kommen des Messias, wäre ein Befreiungsakt, etwa nach dem Muster der Makkabäer, durchaus denkbar gewesen.

Vers 35 berichtet vom Zerteilen der Kleider Jesu. In späteren Überlieferungen wird diese Aussage erläutert mit dem Hinweis auf Psalm 22,19 als Erfüllung einer im Alten Testament festgesetzten Verheißung.

Vers 37: Matthäus berichtet, dass Pilatus über Jesu Haupt ein Schild anbringen ließ. Das war damals ein üblicher Vorgang. Todesurteile sollten unter Angabe des Grundes und gehörten Zeugen der Öffentlichkeit bekannt gegeben werden (vgl Strack/Billerbeck, Matthäus, S.1038). Die Vorbeikommenden sollten den Grund der Anklage zur Kenntnis nehmen.

Verse 38-44

Die Verspottung, die Matthäus so stark herausgestellt hat, geht weiter. Jesus wird in der Mitte von zwei Räubern gekreuzigt. Die Hohenpriester, Schriftgelehrten und Ältesten werden ausdrücklich erwähnt, unter den Menschen, die als Zuschauer die Kreuzigung verfolgten. Das erinnert an das Verhör Jesu vor dem Hohen Rat (Matthäus 26,63-64). Daran knüpfen die Vorübergehenden bei dem Verspotten des Gekreuzigten an. Dadurch, dass Pilatus Jesus zwischen zwei Räubern kreuzigen lässt drückt er ganz deutlich seine Einstufung des Gekreuzigten aus. Die Menschen im Israel der Zeit Jesu waren erfüllt mit Messiaserwartungen. Pilatus dachte wohl: »Der Messianismus ist Aufruhr und Jesus ist, weil er der Christus ist, der König der Banditen.« (siehe auch: Adolf Schlatter, Der Evangelist Matthäus, Stuttgart: Calwer Vereinsbuchhandlung, 2. Aufl., 1933, S.781).

Verse 45-50

Der Tag des Herrn ist nach Amos 8,9 begleitet von einer Finsternis. Matthäus erkennt die prophezeite Finsternis als Erfüllung des Prophetenwortes an. Am Ende schreit Jesus die Klage aus Psalm 22,2 heraus. Er stellt sich mit diesem Hilferuf ganz und gar auf die Seite der Gefolterten und aller Leidenden. »Der Gott vertraut hat (27,43), ist von ihm verlassen, gibt ihn jedoch, selbst preisgegeben, nicht preis, sondern hält an ihm fest.« (Grundmann, Matthäus, S.560-561) Ob Jesus am Kreuz hängend den gesamten Psalm 22 gebetet hat oder nur den Klageruf (Vers 2), bleibt offen. Beachtenswert ist, dass nach Matthäus der sterbende Jesus auf einen Klagepsalm zurückgegriffen hat.

Dem Sterbenden und entsetzliche Schmerzen Leidendem Essig zu reichen ist vermutlich ein Akt von Barmherzigkeit. Allerdings machen die begleitenden Worte der Wachmannschaft daraus Zynismus.

Der Tod tritt nach diesem Bericht nach einem lauten Schrei ein.

Verse 51-56
Dieser Teil des Passionsberichtes ist ausschließlich mit den unmittelbaren Konsequenzen des Todes Jesu befasst. Der Vorhang zerreißt. Die Zeichenhandlung des zerrissenen Vorhangs im Tempel ist der »Hinweis auf die Heilsvollmacht Jesu.« (Grundmann, Matthäus, S.562) Dasselbe gilt für die Auferstehung der Toten. Dadurch wird dokumentiert, dass die Macht des Todes gebrochen ist. Wenn hier berichtet wird, dass die auferstandenen Toten nach Jerusalem gehen, dann entzieht sich dies jeder ausdeutenden Nachfrage.

Die Anwesenheit der Frauen hebt sich wohltuend von dem Verhalten des Petrus (vgl. 26,69-75) ab. Diese Frauen haben einen weiten Weg hinter sich gebracht, wenn sie von Galiläa bis Jerusalem nachgefolgt sind. Damit ist der Passionsbericht abgeschlossen. Es folgt noch die Grablegung und die Bewachung des Grabes.

Verse 57-61
Es fällt auf, dass Josef sein eigenes Grab für die Beisetzung Jesu zur Verfügung stellt. Das Grab war noch unbenutzt (V.60). Das klingt glaubwürdig, da der Leichnam eines verurteilten Kriminellen die anderen im Felsengrab befindlichen Leichen verunreinigt hätte (vgl. William Lane Craig, The Son Rises: Historical Evidence for the Resurrection of Jesus, Chicago: Moody Press, 1981, S.56). Offenbar ist es ein Vorgang der Pietät und der Dankbarkeit dem verstorbenen Rabbi gegenüber. Es wird keinerlei theologische Wertung dieses Vorgangs angefügt.

Matthäus 28,1-10

Das Ostergeschehen wird in allen vier Evangelien, sowie in 1.Korinther 15,1-11 überliefert. Die Fassung des Korintherbriefes ist dabei die zeitlich älteste Fassung. Da Paulus die Tatsache auf eine empfangene Überlieferung stützt (1 Korinther 15,3) ist anzunehmen, dass »kaum mehr als ein Jahrzehnt verflossen« ist zwischen dem Ereignis der leiblichen Auferstehung Jesu und der fixierten Überlieferung davon (vgl. Hans Freiherr von Campenhausen, Der Ablauf der Osterereignisse und das leere Grab, in: Berthold Klappert, Diskussion um Kreuz und Auferstehung: Auseinandersetzung in Theologie und Gemeinde, Wuppertal: Aussaat Verlag, 1967, S.193). Damit bekommt die Fassung des Auferstehungsberichtet in 1.Korinther 15 ein sehr hohes Maß an Glaubwürdigkeit.

Ein Vergleich der fünf Berichte des Ostergeschehens ergibt, dass alle Versionen die Tatsache der leiblichen Auferstehung einheitlich berichten. In vielen Detailfragen hat jede Fassung ihre eigenen Variationen. Diese Differenzen in den verschiedenen Überlieferungen brauchen den, »der an die leibliche Auferstehung glaubt, nicht schrekken«(Von Campenhausen, Osterereignisse, S.205), denn die historisch erfolgte Auferstehung Jesu ist einheitlich überliefert. Beim Vergleich der einzelnen Fassungen der Auferstehungsberichte beschränke ich mich weitgehend auf einen synoptischen Vergleich.

Nach Matthäus kommen zwei Frauen, »Maria von Magdala und die andere Maria«, zum Grab (nach Markus 16,1 kommen drei Frauen). Matthäus fasst den Zeitpunkt genauer als die älteste Fassung (Markus). Der Weg, der zum Grab führt, wird völlig unterschiedlich dargestellt. Markus berichtet von den Gedanken der Frauen auf dem Weg. Matthäus 28,2-4 dagegen tradiert Kommen und Handlung der Engel vor dem Grab. In der Grabhöhle begegnen die Frauen nach Markus und Matthäus einem Engel, nach Lukas dagegen zwei Engeln. Die Engelrede ist in Matthäus weitgehend parallel zu Markus. Die Flucht vom Grab ist in Matthäus mit geringen Variationen von Markus übernommen. Nach Matthäus 28,8 berichten die Frauen den Jüngern Jesu vom leeren Grab, während nach Markus 16,8 die Frauen niemand etwas erzählen. Der ursprüngliche Markus-Text bricht mit Vers 8 ab, während Matthäus 28,9-10 von der Begegnung Jesu mit den Frauen und den Verkündigung der Auferstehung bei Jesu Jüngern berichtet.

Die Auferstehung wird von einem Erdbeben begleitet (Vers 2), vergleichbar wie beim Tod Jesu in 27,52 von einer großen Finsternis berichtet wird. In der Antike wurden solche und ähnliche Naturphänomene häufig als flankierende Ereignisse einer Theophanie angesehen. Die alttestamentlichen Schriften berichten von ähnlichen Ereignissen. So wird die Theophanie Jahwes in 1.Könige 19,11-12 von einem starken Wind, einem Erdbeben, einem Feuer und schließlich einem stillen, sanften Sausen begleitet.

Durch das Erdbeben bekommt mithin das Ereignis der Begegnung der Engel mit den Frauen eine theologische Bedeutung. Grundmann stellt zutreffend fest: »Im Erscheinen des Engels, der vom Himmel herabkommt, kündet sich also Gottes eigenes Handeln an.« (Grundmann, Matthäus, S.569) Es ist wenig verwunderlich, dass nach V.4 die anwesenden Grabwachen aus Furcht in einen todähnlichen Zustand der Lähmung fallen. »Die den Toten bewachen sollen, sind wie tot, und den sie bewachen, der geht ins Leben.« (Ulrich Wilckens, Theologie des Neuen Testaments, Band I: Geschichte der urchristlichen Theologie, Teilband 2: Jesu Tod und Auferstehung und die Entstehung der Kirche aus Juden und Heiden, Neukirchen-Vluyn: Neukirchener Verlag, 2003, S.220)

Die Beschreibung der Wächter am Grab ist Sondergut des Matthäus. Sie schließt sich logisch an 27,62-66 an, was auch nur bei Matthäus überliefert wird. Das Sondergut im gesamten Matthäus geht häufig auf eine mündliche Tradition zurück, die Matthäus in seinen Überlieferungsstoff eingearbeitet hat. Während die Wächter in Ohnmacht verfallen, bekommen die anwesenden Frauen die Deutung des Geschehens und den Verkündigungsauftrag an Jesu Jünger. Die Reaktion der Frauen ist bemerkenswert, da sie im krassen Gegensatz zur Reaktion des Wachpersonals steht. Während die Soldaten in einen todähnlichen Ohnmachtzustand verfallen, machen die Frauen sich »mit großer Freude« auf den Weg zu den Jüngern, um den empfangenen Auftrag zu erfüllen (Vers 8). Diese Bewegung der Frauen wird plötzlich unterbrochen von einer Begegnung mit dem Auferstandenen, dem die Frauen huldigen. Jesu bestätigt und erneuert den Verkündigungsauftrag (Vers 10). Die Frauen werden durch die Erfahrung am leeren Grab und die Begegnung mit Jesus zu den ersten »Botinnen des Heils.« (Grundmann, Matthäus, S.571)

DAS THEMA FÜR KINDER

Kreuzweg Jesu / Von Ostern erzählen

Die Ostergeschichte ist das bedeutendste Ereignis unseres christlichen Glaubens. Die Geburt Jesu und sein Leben sind schon aufregend, manchmal geheimnisvoll, voller Wunder und für uns oft nicht zu begreifen. Die Geschichte rund um die Kreuzigung und die Auferstehung Jesu übertreffen allerdings all dieses. Die Ereignisse sind so fantastisch und unfassbar, grausam, traurig, aber auch befreiend, aufbauend und fröhlich. Wie soll man Kindern im Alter von 6- 11 Jahren diese Bandbreite an Gefüh-

len und Erlebnissen begreifbar machen? Was ist das wichtigste? Wie bekomme ich in 1,5 Stunden die Kurve, von tiefer Betroffenheit über das Leiden Jesu zu dem befreienden Aufatmen nach der Auferstehung? Wie greife ich die unterschiedlichen Bedürfnisse der Kinder auf? Diese Fragen stellt man sich als Mitarbeiterin vor jeder Gruppenstunde, aber zu Ostern haben die Fragen ein besonderes Gewicht. Für mich bedeutet Ostern, neben dem großartigen Ereignis der Auferstehung Jesu, immer wieder etwas Neues. Je nach momentaner Situation bewegt mich ein anderer Punkt in der Geschichte. Ohne Zweifel sind Ereignisse wie das Beten in Gethsemane, der Verrat durch Judas, die Verurteilung und der Gang zum Kreuz, mit der Kreuzigung, die inhaltlichen Eckpunkte. Welches Gefühl, welchen Schwerpunkt ich den Kindern weitergeben und vermitteln möchte, kann jedes Jahr ganz unterschiedlich sein. Kinder leben heute oft in keinem geschützten Raum. Gewalt, Trennung von Eltern und Freunden, Hinterhältigkeit, Neid und Missgunst sind Dinge die leider im Erleben der Kinder immer wieder vorkommen. Die Gewalt, die Grausamkeit und die damit verbundenen Gefühle, die in der Ostergeschichte beschrieben werden, sind etwas, was Kinder in anderer Form kennen, entweder durch die eigene Familiengeschichte oder durch die Medien. Ganz gleich welchen Schwerpunkt ich wähle, es ist wichtig, aus das einzugehen, was die Kinder einbringen.

In der Ostergeschichte wird die unglaubliche Liebe Gottes zu uns sichtbar. Alles hatte seinen Sinn, nichts war und ist umsonst. Jesus ging ans Kreuz, damit jeder Mensch mit Gott leben kann. Wenn die Kinder diese Botschaft mitnehmen, dann haben sie den größten Schatz bekommen:
»Jesus liebt dich so sehr, das er für dich am Kreuz starb. Jesus ist auferstanden und möchte dein Freund sein.«

Die Besonderheit dieser Stunde kann durch einen veränderten Aufbau deutlich gemacht werden. Ähnlich einem Zirkeltraining werden in einem großen Raum (z.B. Kirche, Gemeindesaal) verschiedene Stationen eingerichtet.

Station 1: Das Salböl, Matthäus 26,6-13

Jesus war ganz Mensch. Mit allen Facetten menschlichen Fühlens und Handelns. Jesus hatte ein Gespür für die Bedürfnisse anderer Menschen, weil er ebenso wusste was für ihn gut war. Ob es sich um ausreichend Schlaf (in dem Boot auf dem See Genezareth) handelte oder um einen Wutausbruch (im Tempel), Jesus waren keine Gefühle

fremd. Wie sehr er die Freundschaft und die körperliche Zuwendung von Menschen geschätzt hat, macht die Begebenheit deutlich. Jesus hat das Leben mit allen Sinnen genossen und so war die Salbung durch die Frau mit dem kostbaren Öl etwas, was er genießen und dankbar annehmen konnte. Den Vorwurf der Verschwendung wehrt Jesus ab, denn dieser Frau ging es nicht um den sinnvollen, gesellschaftlich anerkannten Einsatz ihres Vermögens. Sie wollte Jesus etwas Gutes tun, nicht mehr und nicht weniger.
Die Wahrnehmung mit allen Sinnen ist vielen Kindern verloren gegangen. Das wir auch mit der Haut und der Nase wahrnehmen können und das dies gut tut, ist etwas, was Kinder und Erwachsenen von dieser Geschichte lernen können. Gerade vor schwierigen Situationen tut es gut z.B. in Arm genommen zu werden, berührt zu werden oder den Geruch des Lieblingsessens in der Nase zu haben.

Gebet zur Begrüßung

Danke Jesus, das du dir jetzt Zeit nimmst für uns. Segne diese Kinderstunde/Jungschar. Wir sind so gespannt auf das, was du uns heute sagen möchtest. Gib uns offene Herzen und Ohren damit wir verstehen und sehen wie toll du bist. Danke Vater. Amen.

Einstieg

Was tut uns gut? Was ist schlecht für uns /unseren Körper? Wann und warum hast du mal etwas Gutes für jemand anderen getan? Jesus hat seinen Körper genauso empfunden wie wir. Einiges war sehr schön und angenehm und er hat es genossen. Anderes war unangenehm und schmerzhaft. Gerade zu Ostern war dies so. Wir wollen versuchen zu verstehen, was mit Jesus geschehen ist.

Spiel Wahrnehmungsschulung

Material: Putzschwamm, Watte, Schmirgelpapier, Eiswürfel (wenn möglich), Essig, Salböl (Orange, Rose etc.), kleine Stücke dicker Strick; Igelball/Tennisball etc.
So geht's: Kinder in 2er-Gruppen aufteilen. Die Kinder probieren die verschiedenen Materialien aus. Ein Kind hat die Augen verbunden, das andere Kind streicht mit den Materialien vorsichtig über den nackten Arm des Partners. Die Kinder achten auf die unterschiedlichen Empfindungen: Kälte, Wärme, kratzig, weich, duftend. Können die Kinder erraten um was es sich handelt? Was fühlt sich gut an, was ist nicht so gut?
Abschluss: Nach dem Wechsel erfolgt ein kurzer Austausch in der Gruppe: Was fandet ihr am schönsten? Was war sehr unangenehm?

Geschichte in der Kuschelecke

Kuschelecke einrichten: Dicke Decken/Teppich oder Isomatten mit Decken bedeckt, Kissen, evtl. große Kuscheltiere. Tücher in warmen Farben an der Wand oder an der Decke ergeben den orientalischen Effekt. Wichtig ist, dass es auf dem Fußboden nicht kalt wird, ansonsten ist es besser die Geschichte im Stuhlkreis zu erzählen.

Geschichte als Entspannungsübung:
Jesus wusste, das die auf ihn zukommende Zeit anstrengend werden wird, und so genoss er die Zeit die er mit seinen Freunden hatte. Wir stellen uns heute mal vor, wir wären dabei gewesen. Wir haben hier schon ein Lager gebaut, das vielleicht ein bisschen dem ähnelt wie es zu Zeiten Jesu in den Wohnzimmern ausgesehen hat. Sofas, Schaukelstuhl und Fernsehsessel gab es damals noch nicht. Also macht es euch gemütlich. Wenn ihr richtig gut liegt, schließt ihr eure Augen und wir gehen zusammen zu Jesus und seinen Freunden.

»Zu Besuch bei Simon«
Die Geschichte vorher unbedingt üben. Langsam und mit Pausen vorlesen. Die Kinder brauchen Zeit um sich die Ereignisse vor ihrem inneren Auge vorzustellen.
Du bist mit Jesus und seinen Jünger zu Besuch bei Simon. Das Haus ist sonnendurchflutet, gelb, rot, orange- diese Farben begleiten die Sonne und verändern jeden Raum auf wunderschöne Weise. Ganz leicht spielt die Sonne mit dem Wind. Ein warmes, leichtes Säuseln zieht durch die Räume. Wie dein Atem. Ruhig und leicht zieht der Wind durch das Haus. Ruhe breitet sich aus. Alles ist warm, ruhig und entspannt.
Der Tisch ist gedeckt. Intensive orientalische Gerüche ziehen aus der Küche zu den Gästen. Hm, riecht das gut. Frisches Brot, Kräuter, Gemüse. Du bist ganz froh und fühlst dich wohl. Es ist ein guter Tag. Für Jesus. Für seine Freunde! Für dich! Während des Essens kommt eine weitere Besucherin. Sie hat kostbares Öl mitgebracht. Der wunderbare Geruch des Öls überdeckt sogar die Essensgerüche. Süß und schwer erfüllt er den Raum. Du atmest tief und genießt diesen Geruch. Das teure Öl ist für Jesus. Die Frau massiert Jesus den Kopf und das Gesicht. Ganz sanft! Das tut gut! Jesus freut sich über die Liebe dieser Frau.
Frieden will sich ausbreiten, aber irgendetwas stört. Die Jünger freuen sich nicht. Ihre Gesichter verfinstern sich, die Stimmen werden lauter. Sie sind sauer, denn das Öl ist teuer und es nur für eine Person zu verwenden, halten sie für Verschwendung. Sie wollen das Öl lieber verkaufen und das Geld den Armen geben. Jesus sieht, dass seine Freunde nicht verstehen und erklärt: »Diese Frau hat mir etwas Gutes getan. Beleidigt sie nicht durch euren Ärger. Arme Menschen werdet ihr immer um euch haben, aber ich werde nicht mehr lange bei euch sein.« Die Freunde verstehen langsam worum es geht. Die Wut verblasst, die Atmung wird ruhiger, die Gesichter ganz entspannt. Erinnerungen über Situationen in denen Jesus ihnen Gutes getan hat, werden in ihnen wieder lebendig. Der Friede kann sich nun ausbreiten. Mit jedem Atemzug

breitet er sich aus und füllt die Herzen der Freunde, der Frau, mit Ruhe, Wärme und Geborgenheit. Jesus Füllt auch dein Herz mit Ruhe, Freude und Gelassenheit.
Pause
Wir kehren langsam von unserer Reise zurück. Öffne deine Augen und atme tief ein und aus.

Abschluss
Um wieder richtig wach zu werden, lassen wir den Oberkörper nach vorne fallen und kommen ganz langsam wieder nach oben. Abschließend die Arme und Beine ausschütteln und dabei hüpfen.

Fragen nach der Geschichte
Die Frau war Jesus ganz nahe. Wie können wir Jesus ganz nahe sein? Wie kann Jesus dein Herz füllen? Was tut unserem Herzen gut? Was schadet uns?

Station 2: Der Strick, Matthäus 26,36 – 56

Der Strick wird in dieser Textstelle nicht genannt, (dieser wird in Kap.27, 2 erwähnt, als die Soldaten ihn zu Pilatus bringen) aber die Auswirkung, die ein Strick oder eine Schnur mit sich bringen kann, wird verdeutlicht. Jesus sind die Hände gebunden, er kann nichts tun um seinem Schicksal zu entkommen. Er wendet sich, wie so oft seinem engsten Vertrauten und Vater zu. Im Gebet bittet er hartnäckig um eine andere Lösung als den Tod am Kreuz. Er lässt sich nicht beirren und bittet Gott immer wieder darum, dass der Kelch an ihm vorbei gehen möge. Jesus meint es aber dennoch ernst, wenn er Gottes Willen den Vorrang vor der eigenen Angst einräumt. In diesem Moment kommt neben der Menschlichkeit Jesu auch seine Göttlichkeit zum Vorschein. In einer für uns (für mich) unmenschlichen und unsicheren Situation lässt er sich fallen, ohne zu wissen, wann Gottes Netz ihn auffängt. So hat der Strick zwei Bedeutungen für unser Leben: auch wenn wir uns gebunden fühlen und stürzen, fallen wir nicht durch Gottes Netz.

Frage an die Kinder: Wofür kann man die Seile benutzen?
Für Jesus hatte der Strick verschiedene Bedeutungen, aber davon erzähle ich später. Jetzt wollen wir ein paar Möglichkeiten ausprobieren, für die man einen Strick gebrauchen kann.

Spiele zum Symbol Strick
Material: Seile/ Stricke / Wollfäden in verschiedenen Stärken bereit halten
Einzelspiel mit Federball/ Schaumstoffball: Den Ball möglichst lange in der Luft halten.

Paarspiel: Federball/ Schaumstoffball gemeinsam so lange wie möglich in der Luft hin und her spielen.
Tauziehen: Zwei Mannschaften messen ihre Kräfte
Gebundenes Laufen: Jeweils 2 Kinder werden an den Beinen zusammengebunden und müssen einen Parcours ablaufen, z.B. im Zickzack aufgebaute Stühle
Aneinander gebunden: Alle Kinder stehen im Kreis mit dem Rücken zur Mitte. Eine Mitarbeiterin bindet ein dickes Seil um die Kinder, die dann einen gemeinsamen Weg zu bewältigen.

Geschichte
Vorbereitung: Aus einem stabilen Draht wir ein Ring gefertigt, der mit Faden so bespannt wird, dass eine Art Netz entsteht. Während der Erzählung werden immer wieder Steine in dieses Netz geworfen oder gelegt.

Erzählung
Jesus zieht mit seinen Freunden, den Jüngern, in einen Garten, der Gethsemane heißt. Es geht ihm überhaupt nicht gut, denn er weiß, dass er sterben wird. Er ist froh, dass seine Freunde bei ihm sind. In diesem Garten fordert er sie auf: »Bleibt hier und wartet auf mich.« Drei seiner Freunde nimmt er mit und erzählt ihnen, wie schlecht es ihm geht. Petrus, Jakobus und Johannes wissen gar nicht was sie sagen sollen, als Jesus von seiner großen Traurigkeit und seiner Angst erzählt. »Ich kann es fast nicht mehr aushalten. Es ist als ob mir jemand den Boden unter den Füßen wegzieht. Lasst mich bitte nicht alleine. Ich geh nur ein Stückchen weiter zum Beten.« Jesus geht zum Beten. Er schmeißt sich auf den Boden und wirft seine Sorgen, die schwer wie Gesteinbrocken sind, seinem Vater vor die Füße (*der erste Stein wird in das Netz geworfen*). Jesus spricht: »Vater, muss es wirklich sein? Kannst du mich vor dem Leiden nicht bewahren? Aber tu, was du für richtig und gut hältst.« Als er zurück zu seinen drei Freuden kommt, schlafen diese tief und fest. Kann es denn wahr sein? Jesus ringt mit seinen Sorgen und seine besten Freunde schlafen? Enttäuscht rüttelt er sie wach. »Könnt ihr nicht eine Stunde mit mir wachen? Auch für euch werden die nächsten Tage schwer werden. Also betet, damit ihr die nächsten Tage übersteht.« Drei Mal geht Jesus zum Beten tiefer in den Garten Gethsemane hinein und jedes Mal, wenn er zurückkommt, schlafen seine Jünger. Die Freunde sind ihm keine große Unterstützung, aber er wird durch das Gebet ruhiger und ist nun bereit, den Willen seines Vaters zu tun. Jesus wird für die Menschen am Kreuz sterben. Er betet und er wirft seine Sorgen in das Netz Gottes. (*Steine in das Netz werfen*) Gestärkt geht er zu seinen Jüngern zurück und weckt sie auf: » Kommt, steht auf, wir müssen gehen. Der Verräter ist schon da.« Jesus hat seinen Satz noch nicht zu Ende gesprochen, da kommt Judas mit einer

Horde von Männern, die von Regierungsbeamten geschickt wurden. Sie sind alle mit Schwertern bewaffnet. Judas hat mit diesen Männern abgesprochen: »Den, den ich küsse, müsst ihr festnehmen!« Judas geht auf Jesus zu und begrüßt ihn: »Sei gegrüßt Meister!« Kaum hat er es ausgesprochen, da packen Soldaten Jesus und nehmen ihn fest. Einer der Jünger greift zum Schwert und schlägt einem der Männer ein Ohr ab. Doch Jesus befiehlt ihm: »Steck dein Schwert weg! Ist dir denn nicht klar, dass mein Vater sofort eine ganze Armee mit Engeln schicken könnte, um mich zu retten? Es geschieht, was Gottes Wille ist.« Die Freunde Jesu begreifen, was geschieht und fliehen: Jesus bleibt allein.

Gesprächsangebot nach der Geschichte

Hattet ihr auch schon mal Sorgen, die sich im Magen wie dicke Steine anfühlten? Was habt ihr getan? Was hat Jesus getan? Wer möchte kann seine Sorgensteine auch in Gottes Netz werfen. Ihr könnt sagen worum es sich handelt oder auch nur still den Stein hineinlegen. Wir werden dann gemeinsam dafür beten.

Gebet

Die Kinder die möchten dürfen einen Sorgenstein in das Netz legen und ein Gebet sprechen. Wer nichts sagen möchte, legt einfach nur den Stein hinein.

Abschluss

Vater, hier hast du alle unsere Sorgen. Danke, dass du dich darum kümmerst. Danke, dass du uns so lieb hast und das wir dir wichtig sind. Amen

Station 3: Die Dornenkrone, Matthäus 27,11- 30

Jesus begegnet Pilatus mit einer ihm eigenen Souveränität. Auch als Pilatus ihn direkt anspricht: »Hörst du denn nicht, wie die Menschen dich beschuldigen?« hält er es nicht für wichtig darauf einzugehen. Jesus hat sich nach dem Gebet in Gethsemane auf den vor ihm liegenden Weg eingelassen. Gott setzt mit ihm seinen Plan um, da gibt es nicht mehr viel zu reden oder zu verteidigen. Drei Jahre hat er die unterschiedlichen Sprachen der Menschen gesprochen, ist auf ihre Bedürfnisse, Ängste und Nöte eingegangen und hat immer wieder von dem schweren Weg ans Kreuz gesprochen. Nun, da der Weg schon bestimmt ist, gibt es nichts mehr zu sagen. Auch nicht aus Höflichkeit oder Ergebenheit vor einem Gouverneur wie es Pilatus war. Jesus hat die Dornenkrone aufgelassen, er hat sie getragen bis ans Kreuz. Diese Tatsache kann auch für Kinder (und für uns) ein großer Trost sein. Manches, was Kindern in ihrem Leben geschieht, empfinden sie vielleicht auch als Dornenkrone, die sie aber auch ans Kreuz bringen dürfen. Gott nimmt sich ihrer Sorgen an.

Einstieg
Material: goldene Krone (aus Pappe oder vom letzten Faschingsfest), Dornenkrone (aus Maschendraht gebunden)
Was bedeutet es König zu sein? Was zeichnet einen König aus? Kennt ihr einen König? Haben wir in Deutschland einen König? Warum hatte Jesus, der doch der König der Juden genannt wurde eine Dornenkrone und keine goldene, würdevolle Krone?

Station 4: Das Kreuz, Matthäus 27,31 -61

Ratespiel
Auf einem DIN A3 Bogen wird ein großes Kreuz gemalt (oder Vorlage vergrößern) und auf Pappe geklebt. Diese Vorlage wird zu einem Puzzle zerschnitten und Fragen rund um die Geschichte am Kreuz werden auf der Rückseite vermerkt.
Frage: Bei wem waren Jesus und seine Freunde zum Essen?
a. Simon
b. Johannes
c. Petrus
Frage: Wer kam während des Essens überraschend zu Besuch?
a. Eine Frau
b. Ein Mann
c. Ein Kind
Frage: Womit wurde Jesus massiert?
a. Mit Nivea
b. Mit kostbarem Salböl
c. Mit Wasser
Frage: Wie hieß der Garten in dem Jesus betete?
a. Gethsemane
b. Stadtpark
c. Botanischer Garten
Frage: Wie viele Freunde nahm er mit zum Beten?
a. 2
b. 3
c. 4
Frage: Was taten seine Freunde während Jesus betet?
a. Essen
b. Schlafen
c. Karten spielen

Frage: Wie hieß der Jesus Verräter?
a. Jonas
b. Justus
c. Judas
Frage: Ein Jünger nahm sein Schwert und
a. hieb einem Soldaten das Ohr ab
b. schlug einen Ast entzwei
c. stieß das Schwert in den Boden vor Jesu Füßen
Frage: Was taten die Jünger, als Jesus gefangen genommen wurde?
a. Sie beteten.
b. Sie liefen weg.
c. Sie fingen an zu singen.
Frage: Welchen Auftrag hatte Gott seinem Sohn Jesus gegeben?
a. Für die Sünden der Menschen sterben.
b. Den Menschen die Abseitsregeln erklären.
c. Die Gesundheit der Menschen verbessern.

Die Kinder ziehen reihum ein Puzzlestück. Können sie die Frage auf der Rückseite beantworten, dürfen sie das Stück zum Puzzle hinzufügen. Wissen sie die Antwort nicht, ist das nächste Kind an der Reihe.

Das Kreuz wird von den Kindern mitgenommen und in der Mitte eines Stuhl- oder Kissenkreises aufgebaut. Die Kinder sitzen drum herum. Ein scheinbar ungeordneter Stapel mit Stöcken und Holzstücken liegt daneben.

Geschichte
Genauso wie wir eben um das Kreuz gespielt haben, haben Soldaten um die Kleider Jesu gespielt. Sie hatten Jesus (mit dicken Nägeln) an ein Kreuz geschlagen, ihn ausgelacht und zu ihm gesagt: »Na, wenn du der Sohn Gottes bist, dann steig doch von dem Kreuz herab. Komm doch runter wenn du kannst!« Es war soviel Furchtbares geschehen. Die Soldaten haben ihm eine Dornenkrone auf den Kopf gesetzt, ihn angespuckt und ihm auf den Kopf geschlagen. Es hatte große Schmerzen und musste nun zu Fuß zu der Kreuzigungsstätte gehen. Sie nannte sich Golgatha, das heißt übersetzt »Schädelstätte« und sie wurde nur für Hinrichtungen benutzt. Auf dem Weg dorthin haben die Soldaten einfach einen Mann bestimmt der Jesu Kreuz tragen musste. Er hieß Simon und kam aus Kyrene. Wie schlimm musste es für diesen Mann gewesen sein, an einer Hinrichtung beteiligt zu sein. Jesus hing mehrere Stunden am Kreuz und alle machten sich über ihn lustig Priester, Gesetzeslehrer, Politiker usw. Sie verstanden nicht, dass Jesus dort hing, weil Gott einen größeren Plan hatte. Jesus hing dort, um uns unsere Sünden und Verfehlungen abzunehmen. Die Menschen kapierten einfach nicht, was Jesus die ganzen Jahre über das Leben mit Gott und ein Leben

nach dem Tod erzählt hatte. So musste Jesus sterben. Zur Mittagszeit wurde es auf einmal für drei Stunden total dunkel. Dann schrie Jesus: »Gott mein Gott warum hast du mich verlassen?« Jesu starb. Zur gleichen Zeit bebte die Erde und Felsen zerbrachen, im Tempel riss der Vorhang vor dem Allerheiligsten von oben nach unten. Jetzt wussten auf einmal die Soldaten und deren Hauptmann: »Ja das ist wirklich Gottes Sohn gewesen.« Das Kreuz ist bis heute ein Zeichen für den Tod, aber durch Jesus hat es eine neue Bedeutung bekommen: Jesus hat den Tod am Kreuz überwunden und ist auferstanden.

So ist die Ostergeschichte sehr traurig, weil Jesus so grauenhaft sterben musste. Gleichzeitig dürfen wir uns darüber freuen, denn er tat es für dich und für mich, damit wir in alle Ewigkeit mit ihm Leben können und Halt und Unterstützung für unser Leben bekommen.

Abschluss

Ein besonderes Kreuz wird zusammengebaut.
Material: verschiedenen dicke und dünne Stöcke und Holzstücke, Nesselstoff mit Bibelversen, die die Liebe Gottes zu den Menschen ausdrücken
So geht's: An jedem Stock befindet sich ein Stück Nesselstoff mit einem Bibelvers (mit einer Reißzwecke befestigt). Die Kinder suchen sich nun aus dem Haufen von Stöcken einen aus und lesen den Vers laut vor. Jeder Vers wird mit den Worten. »Jesus starb auch für mich« beendet. Aus diesem ungeordneten Haufen wird auf dem Boden ein Kreuz gelegt und mit dicker Schnur zusammengebunden. Es muss darauf geachtet werden, dass die Schilder mit den Versen zu sehen und zu lesen sind.

Vorbereitung des gestalterischen Elementes für den Gottesdienst: Kreuzweg

Der Kreuzweg als Eingangssequenz
Die Gottesdienstbesucher werden einen bestimmten Weg geführt. Vielleicht in der Mitte der Stuhlreihen auf den Altar zu oder an den Außenseiten hin zum Altar. Die Kinder werden den jeweiligen Stationen zugeordnet und tragen Schilder an den Pullis (Salbung, Strick, Dornenkrone, Kreuz), große Plakate mit den folgenden Aufschriften, z.B. an der Rückseite eines Stuhls befestigt, verdeutlichen die Stationen. Alles läuft ohne Worte.

Schild am Eingang
Kreuzweg
Zur Kreuzigung bitte hier entlang. (Richtungszeichen)

Schild 1
Salböl
Hier letzte Pflege vor dem Kreuz
Handlung an der Station: Mit Öl ein Kreuz auf die Stirn und auf die Hände malen

Schild 2
Strick
Gefesselt ans Kreuz!
Handlung an der Station: Besucher bekommen einen Strick um das Handgelenk

Schild 3
Dornenkrönung
Handlung an der Station: Ein Bild mit einer Dornenkrone wird an die Kleidung geheftet. Zur Verdeutlichung der Dornen können auch Rosen mit Dornen oder Disteln eingesetzt werden.

Schild 4
Kreuz
Kreuzigung aus Liebe
Handlung an der Station: Jeder bekommt ein Stück Holz/einen Stock mit dem Vers Johannes 3, 16.

Alternativer Kreuzweg
Die Gemeinde (oder alle die mitmachen wollen) steht im Halbkreis im Altarraum:
Die Kinder führen nun die Gemeinde durch den Kreuzweg. Zu jeder Station werden die entsprechenden Bibelstellen vorgelesen und die oben genannten Aktionen ausgeführt.
Kind: Salbung: Matthäus 26, 6-10
Kind: Strick: Matthäus 27,1-2
Kind: Dornenkrone: Matthäus 27,29- 31
Kind: Kreuz: Matthäus 27, 32 – 37

DAS THEMA FÜR JUGENDLICHE

Ostern: Hoffnung auf neues Leben

Die Passions- und Ostergeschichte nach Matthäus ist sehr ausführlich erzählt. Sie bemüht sich offensichtlich um einen vollständigen Überblick und will Gottes Macht über Leben und Tod demonstrieren. Sie berichtet von der Kreuzigung und der dreistündigen Dunkelheit ebenso wie von dem Zerreißen des Tempelvorhangs. Auch werden die Hohenpriester und Pharisäer extra noch einmal erwähnt, die bei Pilatus um die Versiegelung des Grabes Jesu bitten. Auf keinen Fall wollen sie den Jüngern irgendwelche »Tricks« durchgehen lassen, die die Popularität Jesu noch steigern könnten. An alles scheint gedacht und die Grablegung mit besonderen Wachen am Grab ist das endgültige »Aus«.

Doch dann kommt alles ganz anders. Nicht der Tod und die Hoffnungslosigkeit triumphieren, das Leben besiegt den Tod, das Grab ist leer, Jesus ist auferstanden. Gottes Bote, ein Engel, sagt es den verängstigten und verwirrten Frauen, die beim Sonnenaufgang zum Grab kommen und auch Jesus selbst erscheint ihnen kurze Zeit später. Nach der Dunkelheit der Kreuzigungsstunden beginnt die Auferstehungsgeschichte mit der aufgehenden Sonne. Ein neuer Tag bricht an und vertreibt die Angst der vergangenen Nächte. Auch der Engel Gottes wird mit viel Licht und Helligkeit beschrieben («wie ein Blitz und sein Kleid weiß wie Schnee« Mat. 28,3), alles Dunkle hat keine Chance mehr gegen so viel Licht. Die Wachen, die Jesu Grab bewachen sollten und eigentlich auch Zeugen der Auferstehung hätten werden können, werden ohnmächtig und bekommen von Gottes erstaunlichem Wunder der Auferstehung nichts mit. So können sie danach auch nichts bezeugen, sondern wissen nicht genau, was eigentlich geschehen ist.

Die Ostergeschichte wird allen Jugendlichen durch verschiedene Bereiche (Religionsunterricht, Familie, Kinderkirche) längst vertraut sein. Doch kann sie nicht so leicht hingenommen werden, da es eine Wundergeschichte ist, fast zu unglaublich, um wahr zu sein. In dem Alltag der Jugendlichen, durch diverse Medien oder vielleicht auch familiäre Betroffenheit, haben sie längst die Erfahrung gemacht, dass Tod etwas Endgültiges ist und nicht mal eben so wieder rückgängig gemacht werden kann. Auch haben sie wahrscheinlich schon oft erlebt, dass Hoffnungslosigkeit und Angst siegen und Hoffnung wie ein verzweifeltes »Festklammern am Strohhalm« erlebt wird. Gewalt, wie Jesus sie z.B. in der Passionsgeschichte erlebt, ist bekannt und oft so einschüchternd, dass Auswege undenkbar und ungangbar scheinen.

Doch erzählt die Ostergeschichte gerade von dieser Hoffnung, dass Gott die Gewaltigen und Mächtigen besiegt und sein neues Reich entstehen lässt. Sie ruft dazu auf, nach der Dunkelheit das anbrechende Licht zu erwarten, das die Dunkelheit und mit ihr die Angst und die Sorgen vertreiben kann.

Das Gefühl der Ohnmacht, Verzweiflung und Hoffnungslosigkeit, das die Frauen wohl gefühlt haben werden, als sie sich auf den Weg zum Grab machten, kennen die Jugendlichen aus verschiedenen Zusammenhängen ihres Alltags. In der Ostergeschichte ist es ein Engel, der die Frauen zuerst anspricht und ihnen ihre Angst nimmt und nur wenig später Jesus selbst. Im Leben der Jugendlichen werden genau solche Boten Gottes gebraucht, die sich gegen die Angst und Hoffnungslosigkeit stellen, neuen Mut machen und es wieder hell werden lassen in den Herzen. Gott hat mit Jesu Auferstehung einen Anfang gesetzt, der stärker ist als alles, sogar als der Tod. Hoffnung zuzulassen und andere zur Hoffnung zu ermutigen ist eine Botschaft der Ostergeschichte.

Einstieg

Collage zum Thema
Material: Fotokarton DIN A2, Zeitungen, Illustrierte, Scheren, Kleber
Der Raum ist abgedunkelt. In einem einleitenden Gespräch wird herausgearbeitet, welche negativen Attribute Dunkelheit zugeschrieben werden. Dabei kann Angst von Kindern vor Dunkelheit als »Geisterzeit« ebenso Thema sein, wie depressive Gefühle älterer Menschen in der dunklen Jahreszeit, oder die Sorge vor Überfällen bei abendlichen Spaziergängen. Alle Beispiele sollen auf ein bereitliegendes großes Blatt Papier (Fotokarton, DIN A2) geschrieben werden, Dunkelheit als Zeit der Angst, Einsamkeit, Verletzlichkeit und Hoffnungslosigkeit soll herausgearbeitet werden.
Ergänzend werden die Jugendlichen gebeten, aus bereitliegenden Zeitungen (Tageszeitungen, Illustrierte) Bilder oder Sätze auszuschneiden, die ihnen Angst machen, die es dunkel werden lassen. Auch diese werden auf das Collagenblatt geklebt.

Vertiefung 1

Die Passionsgeschichte wird vorgelesen Matthäus 27, 31 – 56 (bzw. – 66)
In einer offenen Gesprächsrunde äußern die Jugendlichen ihre Eindrücke zu der Geschichte.

Eine Kopie dieser Geschichte wird ebenfalls auf das Collagenblatt aufgeklebt.
Frage an die Jugendlichen: Was tut ihr, wenn euch die Dunkelheit so, wie wir sie gerade beschrieben haben, manchmal umschließt?
Die Ideen werden gesammelt.

Lied

Vertiefung 2

Der Raum wird erhellt, das Sonnenlicht hereingelassen.
Mit den Jugendlichen wird das Licht thematisiert, positive Attribute gesammelt. Auch könnte z.B. auf die Erfolge der »Lichttherapie« bei depressiven Erkrankungen hingewiesen werden, bei den Patienten mit künstlichem Sonnenlicht bestrahlt werden.

Die Ostergeschichte wird vorgelesen Matthäus 28, 1 – 10 (-15)
Die Zusammenhänge mit Licht werden herausgearbeitet (Anbruch des Tages, Engel hell wie ein Blitz, ...). Die Ideen der Jugendlichen, was sie selbst gegen ihre Dunkelheit unternehmen, werden noch einmal in Erinnerung gerufen und in Verbindung zur Ostergeschichte gebracht:
Manchmal brauchen wir jemanden, der uns sagt »Fürchtet euch nicht«, so wie der Engel es den Frauen sagt. Und auch wir sind danach aufgefordert dieses »Fürchtet euch nicht« an andere, die auch Angst haben weiterzusagen. Jesus selbst sagt es den Frauen ein zweites Mal, weil oft die Angst so groß ist, dass einmal kaum ausreicht.

Ein großes Blatt Transparenzpapier (z.B. Backpapier), das genau so groß wie das Collagenblatt ist, wird über die Collage gelegt und groß (das Blatt ausfüllend) mit gelber Plakafarbe mit dem Satz »Fürchtet euch nicht« bzw. »Habt keine Angst« (evtl. mit der Ergänzung »Jesus ist auferstanden«) beschriftet.
Die Collage bleibt also weiterhin durch das Papier sichtbar, wird aber überlagert von dem leuchtenden Satz des vorderen Blattes.

Abschluss

Gemeinsam wird das Lied »Herr, du gibst uns Hoffnung« gesungen, weil Jesus unsere Angst besiegt hat und immer wieder besiegen will. Er rückt Dinge wieder zurecht, die uns manchmal unerträglich groß und unüberwindbar scheinen und schenkt und so die Möglichkeit, unsere Ängste loszulassen. Doch er fordert uns auch auf, für andere zu Hoffnungsboten zu werden und selbst als »Osterboten« durch unseren Alltag zu gehen.

Vorbereitung des gestalterischen Elementes für den Gottesdienst: Mitgebsel

Den Besuchern des gemeinsamen Gottesdienst soll eine greifbare Erinnerung mitgegeben werden. Diese greifbare Erinnerung wird mit den Jugendlichen erstellt und im Gottesdienst ausgeteilt.

Vorschlag 1
Benötigtes Material: Gelbe Tischtennisbälle in ausreichender Anzahl, wasserfeste Folienstifte, evtl. Bibeln, Liederbücher
So geht's: Die Tischtennisbälle werden als Symbol für kleine, leuchtende Sonnen benutzt. Jeder Jugendliche beschriftet Bälle mit hoffnungsgebenden Sätzen, z.B. Bibelversen, Liedversen, oder eigenen Gedanken. Die »Sonnen« werden dann verteilt und mit nach Hause genommen

Vorschlag 2
Benötigtes Material: Gelbes Tonpapier, Scheren Stifte, Laminiergerät, wenn vorhanden, evtl. Bibeln, Liederbücher
So geht's: Aus dem Tonpapier werden Streifen geschnitten, die Sonnenstrahlen symbolisieren. Auf diese Strahlen werden Hoffnungssätze, z.B. Bibelverse, Liedverse oder eigene Gedanken geschrieben. Wenn möglich, werden die Strahlen laminiert, um sie haltbarer zu machen. Auch lassen sie sich so besser als Lesezeichen (z.B.) verwenden. Jeder Besucher darf einen Sonnenstrahl mitnehmen.

Vorschlag 3
Benötigtes Material: Haushaltskerzen in ausreichender Anzahl, Wachs-Bastelplatten, Messer, Brettchen zum Unterlegen
So geht's: Die Kerzen werden mit Hoffnungssymbolen gestaltet. Anschließend werden sie verteilt und mit nach Hause genommen

Vorschlag 4
Benötigtes Material: Phosphorszierendes FIMO (Leucht-FIMO), Messer, Brettchen zum Unterlegen
So geht': Aus Leucht-FIMO werden Hoffungssymbole (Sonnen, Kreuze, ...) hergestellt und anschließend im Ofen fixiert. Sie werden verteilt und mit nach Hause genommen.

Abschluss mit Gebet

Herr,
oft ist es in unserem Leben dunkel und hoffnungslos.
Wir sehen keinen Ausweg mehr und fürchten uns vor dem, was uns im Alltag begegnet.
Du aber schickst uns seit Ostern deine Boten, die uns zurufen »Fürchtet euch nicht, habt keine Angst mehr, Jesus lebt und hat die Dunkelheit besiegt!«
Wir haben es auch gesungen:
»Du weißt, wie oft wir mutlos sind, wie die Angst gewinnt und uns jede Hoffnung nehmen will. Doch deine Liebe ist so groß, sie lässt uns nicht los. Bei dir werden alle Ängste still«
Lass uns deine Boten erkennen, wenn wir ihnen begegnen und mach du uns selbst zu Hoffnungsboten für andere.
»Herr, der du deine Kraft verheißt, füll uns mit dem Geist, lass ihn neu durch unser Leben wehen.«
Amen

DAS THEMA FÜR ERWACHSENE

Kreuzweg Jesu / Von Ostern erzählen

Eine Gruppeneinheit für Erwachsene zur Beschäftigung mit dem Thema und zur Vorbereitung eines Anspiels im Gottesdienst.

Ziel

Es soll in der Gruppe ein Anspiel geplant und vorbereitet werden, das am folgenden Sonntag in der Gemeinde im Generationengottesdienst aufgeführt werden soll. Ein Theaterstück, in dem die Zeichen und Bilder der Ostergeschichte zu lebendigen Zeichen unserer Zeit werden, und uns Mut machen, mit Ostern hinter die Grenzen des Todes zu schauen und mit neuen Augen dort Jesus zu begegnen.

Inhaltliche Anhaltspunkte im Bibeltext

Die Ostergeschichte nach Matthäus 28,1-8 ist voll von Zeichen und Bildern, die den Frauen am Grab und uns als Lesern in einer anderen Zeit eine Ahnung davon geben können, was in der Auferstehung Jesu von den Toten Unfassbares passiert ist. Das schönste und bekannteste dieser Zeichen ist das geöffnete und leere Grab. Matthäus ist der einzige Evangelist, der beschreibt, wie es dazu kommt, dass der Verschlussstein nicht mehr vor dem Grab liegt. Entgegen allen landläufigen Vorstellungen wird der Stein nicht weggewälzt, damit Jesus das Grab verlassen kann, sondern damit die Frauen ins leere Grab hineinschauen können. Für Jesus als Auferstandenen gelten Grenzen wie dieser Stein anscheinend nicht mehr. Aber für uns stehen Grabsteine immer noch für die Grenze unseres Begreifens. So kann man die Öffnung des Grabes mit Engel vom Himmel, Erdbeben aus der Tiefe und Lähmung des Militärs verstehen als eine Art seelsorgerliches Ereignis für die Frauen. Sie sollen durch nichts daran gehindert werden, die Zeichen zu sehen, die auf den großen Sieg Gottes über den Tod deuten. Es ist nur gut zu verstehen, dass sie das Grab und diese Ereignisse mit »Furcht und großer Freude« zugleich hinter sich lassen, da sie an die Grenzen ihrer eigenen Wahrnehmungskraft geführt wurden.

Einübung des Anspiels als Gruppenstunde

Ein Theaterstück zum Bibeltext wird erlebt aus der Perspektive von Maria von Magdala und der anderen Maria (nach Markus die Mutter des Jakobus). Ein Erzähler führt in knappen Sätzen ein. Im Altarraum stellen sich fünf Personen in Gewändern und pantomimisch prägnanten Positionen auf. Vor dem Altarraum erscheinen zwei Frauen.

Ein Erzähler beginnt: Jesus ist gestorben. Jesus wurde begraben. Der erste Sabbat ohne ihn, der Tag, an dem er so viele Wunder vollbracht hat, ist einfach so vorübergegangen. Maria und Martha wachen in der Nacht auf. Sie wollen nach dem Grab sehen. Es ist noch vor Tagesanbruch. In ihren Gedanken, in ihrer Sorge gehen sie den Weg schon einmal ab.

Die beiden Marias gehen los und begegnen den verschiedenen Motiven der Geschichte in Form von Menschen in pantomimischen Haltungen und evtl. auch ihrer Art entsprechenden farbigen Tüchern. Die beiden Marias nennen jeweils ihren Namen und ihre Eigenart, etwa so: Die eine: Schau, es ist Nacht. *Die andere:* Und die Nacht ist verschlossen.

Die verschlossene Nacht zeigt es an und sagt bspw.: Es ist gekommen, wie Jesus es gesagt hat. Es ist die Nacht, da niemand wirken kann.

Die beiden Marias fragen sich, ob jemals ein neuer Tag beginnen wird.
Die geschlossene Erde zeigt an und sagt bsw.: Hier wird nie mehr etwas wachsen. Wer einmal zur Erde gefahren ist, kommt nicht wieder hervor.
Der verschließende Stein: Hier kommen wir niemals durch. Es gibt eine Grenze für uns. Wir sind für immer von Jesus getrennt.
Die abschließenden Wachen: Wer zuviel wissen will, legt sich mit der Staatsgewalt an.
Die eingeschlossenen Toten: Euch werden wir nie mehr begegnen. Eure Welt ist auf ewig vom Leben getrennt.

Die beiden Marias kehren zu ihrem Ausgangspunkt zurück und sagen: Sollten wir nicht lieber hier bleiben?
Erzähler: Aber Maria von Magdala und die andere Maria machen sich auf den Weg mitten in der Nacht und kommen zum Grab.

Die gewichene Nacht verkündet den ersten Tag der neuen Schöpfung
Die bebende Erde verkündet den Anbruch der neuen Welt
Der weggewälzte Stein verkündet den freien Weg.
Die gelähmte Wachen verkünden das Ende von kriegerischer Gewalt.
Die geweckten Toten verkünden, dass einer von ihnen auferstanden ist, dass es neue Hoffnung für sie gibt.

Der Erzähler zitiert: Der Engel sprach zu den Frauen: Fürchtet euch nicht! Ich weiß, dass ihr Jesus, den Gekreuzigten, sucht. Er ist nicht hier; er ist auferstanden, wie er gesagt hat. Kommt her und seht die Stätte, wo er gelegen hat; und geht eilends hin und sagt seinen Jüngern, dass er auferstanden ist von den Toten. Und siehe, er wird vor euch hingehen nach Galiläa; dort werdet ihr ihn sehen. Siehe, ich habe es euch gesagt.

Währenddessen gehen die Frauen durch einen zweiten Ausgang hinaus und die Zeichen folgen ihnen. Der leere und offene Altarraum bleibt zurück.

Erzähler: Und erst auf dem Rückweg in ihr Leben treffen die Frauen den Auferstandenen.

Vorbereitung des Spiels und Wahl der Rollen

In der Gruppenstunde wird der Bibeltext Matthäus 28,1-8 bereits auf eine ähnliche Weise erfasst, wie er später im Gottesdienst veranschaulicht wird. Das Verfahren ähnelt dem des Bibliodramas. Jeder hat eine Kopie des Bibeltextes. Der Bibeltext wird von verschiedenen Teilnehmern mehrfach gelesen.
Die handelnden Personen und Bilder werden genannt. Jeder Teilnehmer sucht sich eine der folgenden Rollen aus.
- Maria aus Magdala
- Die andere Maria
- Der erste Tag
- Die Erde, die bebt
- Der Stein vor dem Grab
- Die Wachen vor dem Grab
- Die Toten
- Der Evangelist Matthäus

Spielphase 1 und 2
Der Gruppenleiter bzw. die Gruppenleiterin moderiert zwei Durchläufe der Geschichte als Theater im Raum und stellt den spielenden Personen entsprechenden Fragen. Er interviewt die beiden Marias und die anderen Figuren und lässt den Evangelist immer wieder ein Stück vorlesen. Am Ende fragt er auch den Evangelisten, wozu er die Geschichte erzählt habe. Die Figuren versuchen auch mit ihrem Körper immer das zu verdeutlichen, was sie in der Geschichte ausdrücken.
Im ersten Durchlauf wird die Geschichte so gespielt, wie sie im Text steht. Der Gruppenleiter / die Gruppenleiterin fragt die Marias immer danach, wie sie die verschiedenen Figuren erleben; und die Elemente und Bilder, was sie den Menschen zu sagen haben. Im zweiten Durchlauf wird die Geschichte zurückgedreht, ein paar Stunden zurück in die Nacht verlegt. Die Marias sind in ihrer Trauer und gehen in der Nacht zu den verschiedenen Stationen. Wie erleben sie sie jetzt und welche Botschaften haben die Elemente und Bilder in der Nacht und den Stunden der Trauer.

Reflexion
Wenn genug Zeit ist, kann nach dieser Phase eine inhaltliche und biblische Reflexion über die verschiedenen Bilder vorgenommen werden, die in der Geschichte auftauchen. Je nach Zielgruppe in Form eines Referats oder einer gemeinsamen Erarbeitung, eher auf biblische Motive bezogen oder auf persönliche Konnotationen. Woran erinnert die Nacht (z.B. an Jesu Aussagen über die Nacht), woran der Anbruch des Tages (in unzähligen biblischen Geschichten der Zeitpunkt des Neuanfangs), woran der Stein (als Symbol für den versperrten Tod) und der offene Weg zum Grab, woran die bebende Erde (als Schöpfungsbild) und die nutzlosen Wachen (als Entmachtung des

Militärs nach Jes. 2) und welche Hoffnung liegt in dem Satz »Jesus – auferstanden von den Toten«. Was lässt sich über die Geschichte von Maria Magdalena sagen?

Spielphase 3

Zuletzt sollte das oben dargestellte Theaterstück noch einmal detailliert und im Kirchenraum eingeübt werden. Die Reihenfolge der Erarbeitung dreht sich nun natürlich um, damit Ostern als Überraschung erlebbar wird. Dabei sollen die konkreten Sätze den Schauspielern niemals vorgegeben sein, sondern müssen deren eigener Sprache entsprechen und auch als solche memoriert werden. Farbige Tücher oder Gewänder können die Bildhaftigkeit noch unterstreichen. Gut ist, wenn die Bilder sich jeweils am Anfang auch mit einem Satz vorstellen, so dass die Zuschauer schneller verstehen, z.B.: »Ich bin die verschlossene Nacht«. Der Text des Erzählers sollte vielleicht konkret erarbeitet werden.

Abschluss der Gruppenstunde mit einem gemeinsamen Gebet

DAS THEMA FÜR SENIOREN

Freude am Ostermorgen

Die Zielgruppe: Zum Teil steckt man noch mitten im engagierten Berufsleben. An den Ruhestand wird noch gar nicht gedacht. Dem »gefühlten Alter« nach ist man doch eigentlich noch jung. Aber die Endphase des aktiven Berufslebens kommt deutlich näher. Bei anderen ist der Beginn des sogenannten Ruhestands absehbar. Andere haben die Renten- bzw. Pensionshürde gerade genommen und müssen eine Position zu dieser neuen Situation finden. Wiederum andere sind mittendrin im sogenannten Seniorendasein und haben mittlerweile eine gewisse Routine im Lebensalltag eines Seniors. Sie genießen diese Phase. Viele sind bereits Großeltern, Oma und Opa und genießen die Zeit mit ihren Enkelkindern.

Thematischer Aufriss mit Verknüpfung zum Lebensalter der Gruppe

Generell haben Menschen in dieser Lebensphase ein gewisses Maß an Lebenserfahrung. In den Bereichen, mit denen sich der einzelne Mensch beruflich und privat im besonderen und individuell beschäftigt hat, sind natürlich sehr spezielle Erfahrungen vorhanden.
Die christlichen Feiertage und Feste im Kirchenjahr sind in ihrer Bedeutung bekannt und schon häufig gefeiert worden: In der Ursprungsfamilie, mit der Ehepartnerin / dem Ehepartner, mit den eigenen Kindern und nun vielleicht mit den Enkelkindern. Dabei ist neben dem Weihnachtsfest das Osterfest sicherlich das christliche Fest, das sich in der gesellschaftlichen Festkultur am deutlichsten niederschlägt. Es wird mit unterschiedlichen Gebräuchen und Ritualen gefeiert.
Teilweise gibt es auch echte Familientraditionen. Symbole sind nicht unwichtig. Es stellt eine echte Herausforderung dar, sich durch die manchmal wohltuende Routine in der Gestaltung des Festes und der damit verbundenen freien Tage von der Freude an der eigentlichen Bedeutung des Osterfestes – an der Tatsache der nach der Kreuzigung und Grablegung erfolgten Auferstehung des Jesus Christus von den Toten – nicht ablenken zu lassen. Gespräche zwischen den Generationen können bei der Bewältigung dieser Herausforderung hilfreich sein.

Gestaltungsvorschlag: Begegnung der Generationen

Die Seniorengruppe lädt eine Kindergruppe in der Passionszeit zu einer Gruppenstunde ein, die zu einer Erzähl- und Bastelstunde deklariert wird. Für die Kinder werden kleine »österliche Leckereien« vorbereitet oder eingekauft (die dann vielleicht auch den Senioren schmecken).

Einstieg

Man startet mit einer klassischen Vorstellungsrunde, bei der Namensnennung und Altersangabe reichen. Die Seniorengruppe bereitet einige »Icebreaker-Spiele« vor, die entweder von allen gemeinsam gespielt werden oder in Gruppen an Tischen (aber jeweils zusammen von Senioren und Kindern).

Ei am Berg
Material: hartgekochte Eier oder Schokoladeneier, Sand oder Salz, Löffel
So geht's: Die Mitspieler versammeln sich um einen Tisch und häufen in der Mitte der

Tischplatte einen kleinen Berg aus Sand oder Salz an. In die Mitte des Berges kommt das Ei. Reihum nehmen nun die Spieler mit dem Löffel von dem Sand und dem Salz weg. Das Spiel ist beendet, wenn das Ei umkippt. Mann kann nun so weiterspielen, dass der Verlierer ausscheidet und zum Schluss nur noch ein Sieger übrigbleibt, der das Ei aufessen darf.

Eierblasen
Material: ausgeblasenes Osterei
So geht's: Beim Eierblasen sitzen alle Mitspieler um einen Tisch. Die Unterarme werden auf die Tischkante gelegt und in die Mitte des Tisches kommt das ausgeblasene Osterei. Auf ein Kommando beginnen die Spieler zu pusten. Berührt das Ei den Unterarm eines Spielers, wird dem Spieler ein Minuspunkt zugerechnet. Es gewinnt der Spieler, der nach einer festgelegten Zeit die wenigsten Minuspunkte erhält.

Vertiefung: Geschichtenzeit

Die Senioren erzählen, mit welchen Osterbräuchen sie in Ihrer Kinder- und Jugendzeit groß geworden sind. Wie sie Ostern er- und verlebt haben. Was sie besonders schön fanden, was nicht so schön war. Und dann wie sie heute Ostern feiern, was ihnen wichtig ist.

Die Kinder erzählen, wie sie Ostern feiern. Ob es Zuhause bestimmte Rituale vor Ostern gibt. Auf was sie sich besonders freuen. Vielleicht auch, ob ihnen zum Begriff Ostern noch etwas anderes einfällt als Osterhase.

Geschichte: Freude am Ostermorgen
Johanna reibt sich die Augen. Aber so einfach lässt sich die Müdigkeit an diesem frühen Morgen nicht vertreiben. Spät ist es gestern Abend geworden bei der Vorbereitung des duftenden Öls. Außerdem hat sie in den letzten Tagen viel geweint. Kein Wunder, dass die Augen schmerzen. Johanna greift nach ihrem Beutel und verlässt das Haus. Die anderen Frauen warten schon vor der Tür. Maria von Magdala ist da und Maria, die Mutter von Jakobus und die anderen Frauen. »Wie geht es dir heute?« fragt die eine Maria. Johanna schluckt. Aber so einfach lässt sich der dicke Kloß im Hals nicht vertreiben. Traurig sind die letzten Tage gewesen. Sie deutet auf den Beutel in ihrer Hand und sagt leise: »Es ist so traurig, dass wir damit zum Grab gehen müssen.« Die anderen nicken. Jede der Frauen hat eine wohlriechende Salbe oder ein duftendes Öl mitgebracht. Leicht fällt dieser Weg am frühen Morgen keiner von ihnen.

Sie wollen den toten Körper von Jesus mit duftendem Öl einzureiben. So ist es Brauch bei ihnen. Still bleibt es, als sich die Frauen auf den Weg zum Grab machen. Was sollen sie auch reden? Jesus ist tot. Vor wenigen Tagen ist er am Kreuz gestorben. Aus der Ferne haben die Frauen es mit angesehen. Drei Jahre lang sind sie mit Jesus unterwegs gewesen. Sie haben seine Reden und Gleichnisse gehört und seine Wunder gesehen. Und jetzt ist er tot.

Johanna reibt sich die Augen. Aber der große Stein liegt nicht mehr vor der Grabhöhle. »Der Stein ist weg«, sagt sie. Josef von Arimathäa, der die Grabhöhle zum Begräbnis von Jesus zur Verfügung gestellt hat, hat drei Männer gebraucht um den großen Stein vor den Eingang zu wälzen. Die Frauen haben es gesehen. Nun liegt der Stein nicht mehr davor. Schnell eilen die Frauen zu der Öffnung in der Grabeshöhle und blicken hinein. Der tote Körper von Jesus ist fort.

Johanna reibt sich die Augen. Aber die beiden Männer in den glänzenden Kleidern stehen immer noch bei ihnen. Ratlos hatten sich die Frauen vor die Grabhöhle gesetzt. Die Beutel mit den duftenden Ölen hatten sie achtlos weggelegt. Wen sollten sie damit noch salben? Auf einmal sind die beiden Männer bei ihnen. Die Frauen haben sofort gemerkt, dass diese Männer anders sind als gewöhnliche Menschen. »Was sucht ihr die Lebenden bei den Toten?« fragt einer der Männer. Johanna versteht nicht. Sie sind doch hierher an das Grab gekommen, um den toten Körper von Jesus mit dem Öl einzureiben. Warum spricht der Mann von den Lebenden? Der Mann sagt: »Er ist nicht hier. Denkt doch daran, dass er es euch versprochen hat! Er ist auferstanden.«

Johanna reibt sich die Augen. Aber die Tränen fließen weiter. Tränen der Freude sind es. Jesus ist nicht im Grab geblieben. Jesus lebt! Das wissen die Frauen nun. Schnell eilen sie zurück zu ihren Häusern. Sie erzählen allen, was sie erlebt haben. Jesus lebt.

Umsetzung: Osterkerze basteln / gestalten

Benötigte Materialien: Weiße Kerzen, Wachsplatten oder Wachsstifte in unterschiedlichen Farben, Scheren, Cuttermesser, Motive zum Ausschneiden und als Vorlage für die Wachsplatten.
So geht's: Zum Ende der Stunde können beide Gruppen zusammen Osterkerzen gestalten. Hier können folgende Motive zum Einsatz kommen:
Kreuz: Es erinnert an den Tod von Jesus Christus. Er musste sterben, damit alle Menschen mit Gott leben können.
Baum: Er steht für neues Leben
Lamm: Erinnert an das Opfer, das Jesus am Kreuz für alle Menschen erbracht hat.

Taube: Erinnert an die Taufe Jesu
Sonne: Erinnert an Jesus, der das Licht der Welt geworden ist
Wasser: Erinnert an die Aussage Jesu, dass er den Menschen zum Wasser des Lebens geworden ist
Nägel: Erinnern an den Tod von Jesus Christus
Alpha und Omega: »Der Anfang und das Ende«. Erinnern daran, dass Jesus ein für alle Mal einen Bund zwischen Gott und den Menschen geschlossen hat.

Die Teilnehmer übertragen die Motive von der Vorlage auf die Wachsplatten oder auf die Kerze. Die Motive werden aus den Wachsplatten herausgeschnitten und auf die Kerze aufgebracht. Werden die Motive direkt auf die Kerze übertragen, werden sie dort mit den Wachsstiften gestaltet.

Zur Verwendung der Kerzen gibt es unterschiedliche Möglichkeiten:

- Jeder Teilnehmer dieser Gruppenstunde bekommt eine Kerze mit nach Hause. Evtl. können sich je ein Kind und ein Senior zusammentun und füreinander jeweils eine Kerze gestalten.
- Für jeden Besucher des Ostergottesdienstes werden Kerzen gestaltet, die dann in diesem Ostergottesdienst am Eingang verteilt werden. Sie könnten dann in einem symbolischen Akt an der großen Osterkerze im Raum entzündet werden.
- Es werden nur einige größere Kerzen gestaltet, die dann als Osterkerzen im Ostergottesdienst eingesetzt werden. Sie könnten z. B. von den Kindern und Senioren zusammen in die Kirche getragen werden.

Weitere mögliche Aktionen: Osterfeuer

Wenn die Zeit reicht, könnte man an geeigneter Stelle ein verfrühtes »Osterfeuer« entzünden, um sich mit den Kindern drum herum zu gesellen.

Vorbereitung des gestalterisches Elementes für den Gottesdienst

Während der Gruppenstunde werden die Teilnehmer der Seniorengeneration noch über folgende Symbolik und Brauchtum informiert:
Kleidung: Nach dem Kirchenjahr ist in der Osterzeit die Farbe Weiß zu tragen, die die Farbe des Lichts symbolisiert. Es lässt sich hier auch eine Verbindung zur Tauffeier, die

in der Osterzeit besondere Bedeutung erlangt, herstellen. Man kann auf die weißen Kleider der Täuflinge verweisen, die für die Reinheit des neuen Lebens stehen, das in der Taufe ergriffen wird.
Gefärbte Eier: Die traditionelle verwendete Farbe zum Einfärben für das Ei in der westlichen Welt ist seit dem 13. Jahrhundert Rot (Roteier), als die Farbe des Blutes Christi, des Lebens, des Sieges und der Lebensfreude.
Die Teilnehmer können sich darauf einigen, wenn möglich, zum Ostergottesdienst in überwiegend weißer Kleidung zu erscheinen. Darüber hinaus erklären sich einige bereit, hartgekochte Eier Rot einzufärben.

Im Gottesdienst am Ostermorgen:
Nach der Begrüßungsmoderation verteilen die Mitglieder der Seniorengruppe in weißer Kleidung die Roteier an die Gottesdienstbesucher. Dabei können sie ruhig durch die Reihen gehen. Sollte zusammen mit den Kindern für jeden Gottesdienstbesucher eine Kerze vorbereitet sein, wird diese von den Kindern verteilt. Anschließend wird die Symbolik und der Brauch der weißen Kleider und der Roteier kurz erklärt.

GEMEINSAMER GOTTESDIENST

Beitrag der Gruppe KINDER vor dem Gottesdienstbeginn
Im Eingangsbereich den von den Kindern erstellten Kreuzweg aufbauen und von allen eintreffenden Gottesdienstteilnehmern begehen lassen.

Eröffnungslied: In Gottes Haus sind offene Türen
Möglichst gemeinsam singen lassen. Ruhig mit Bewegungen.
Text & Musik: Hella Heizmann © 1993
Auf CD/MC »HELLA FÜR MINIS«
Verlag Schulte & Gerth, Asslar, 1993

Begrüßungsmoderation
Mit Bezug zum Eingangslied sowie zum *KINDERKREUZWEG* und Lesung des dem Gottesdienstmotto zugrunde liegenden Bibeltextes und evtl. Eingangsgebet.

Einstiegsbeitrag der Gruppe SENIOREN
»Ostersymbole und –bräuche«

Gemeinsames Lied

Anspiel der Gruppe ERWACHSENE (MANN/FRAU)
»Das Grab ist leer«

Lobpreiszeit / Gebetszeit

Predigt / Ansprache

Instrumentalstück

(Interaktive)Aktion der Gruppe TEEN/JUGEND
»Hoffnungszeichen«, gleichzeitig Mitgebsel zum Ausgang sowie Gebet oder Lied

Segen

JONA

Biblischer Text: Jona 1-4

EINLEITENDE TEXTBETRACHTUNG JONA 1-4

»Kein Buch des Alten Testaments, abgesehen von den Psalmen, ist so oft erklärt worden, wie das kleine Buch Jona« (Gerhard Maier, Der Prophet Jona, Wuppertal: R. Brockhaus, 2. Aufl., 1979, S. 13). Auf diesem Hintergrund ist es wenig überraschend das die Herausgeber dieses Bandes sich entschlossen haben, einen Teil der Ausarbeitung dem Buch Jona zu widmen. Die Jonaerzählung hat eine lange und umfangreiche Rezeptionsgeschichte durchlaufen, die bis in die Gegenwart reicht. Dies betrifft insbesondere die Arbeit mit Kindern, bei der die Mitarbeiter oft und gern auf den Erzählstoff von Jona zurückgreifen.

Das Buch Jona mit seinen vier Kapiteln fällt unter den prophetischen Büchern aus dem Rahmen. Es bietet, von Jona 3,4 abgesehen keinerlei prophetische Botschaft. Jona ist vielmehr eine »Erzählung über einen Propheten.« (Erich Zenger, Einleitung in das Alte Testament, Stuttgart: Verlag W. Kohlhammer, 2. Aufl., 1996, S. 400) Die Disposition des Buches Jona enthält zwei inhaltliche Schwerpunkte: Jona im Schiff und Jona vor Ninive. Es ist zu beachten, dass der Text in beiden Fällen Jona ausgesprochen nachteilig und die heidnischen Gesprächspartner Jonas ausgesprochen vorteilhaft darstellt (Gerhard von Rad, Theologie des Alten Testaments: Band II: Die Theologie der prophetischen Überlieferungen Israels, München: Chr. Kaiser Verlag, 1984., S. 301).

Die Jonaerzählung knüpft bei dem historischen Jona ben Amittai aus 2. Könige 14,25 an. Dieser Prophet war ein Zeitgenosse von Jerobeam II. (787-747 v. Chr.), dem König von Israel, und Amazja (um 788 v. Chr.), dem König von Juda. Das war eine ökonomisch prosperierende Phase in der Geschichte von Nord- und Südreich Israels. Gleichzeitig war es eine Epoche enormer sozialer Entartungen. Viele Texte aus dieser Zeit (z.B. Micha 2,1-1; Amos 5,11-12) geben davon eindrücklich Zeugnis.

Die Zeit von Jerobeam II und Amazja ist als Entstehungszeit des Buches Jona auszuschließen. Darauf deuten typisch nachexilische Sprachformen und historische Daten hin. So war Ninive eine Metropole des neuassyrischen Reiches wie in Jona 3,3-4 beschrieben erst im 7. Jahrhundert (vgl. Hans Walter Wolff, Dodekapropheton 3: Obadja und Jona, Neukirchen-Vluyn: Neukirchener Verlag, 1977, S. 55) und nicht bereits im 8. Jahrhundert, als der historische Prophet Jona lebte. Auf Grund der literarischen Beziehungen zu anderen biblischen Büchern lässt sich das Buch Jona in die frühhellenistische Epoche datieren. Das bedeutet, dass zwischen der Zeit des historischen Jona und der Abfassung des Buches Jona ein Zeitraum von etlichen Jahrhunderten vergangen war. Folglich ist die Erinnerung an Jona ben Amittai allenfalls fragmentarisch vorhanden.

Kapitel 1

In Kapitel 1 legt der Erzähler den Fokus auf die Abwendung des Propheten von seinem Gott und die gleichzeitige Hinwendung der heidnischen Matrosen zum Gott des Jona. Jonas Abwendung wird sprachlich markiert durch eine dreifache Abwärtsbewegung: V. 3 (hinab nach Jafo), V. 5 (hinunter ins Schiff). Zuletzt werfen die Matrose Jona (hinab) ins Meer. Das Meer galt dem antiken Menschen häufig als Ort des Chaos und mithin als Ort der Gottesferne. So deutlich diese Abwärtsbewegung als Entfernung des Jona von Gott und seinem Auftrag dargestellt wird, so signifikant wird die Hinwendung der Matrosen zum Gott Jonas herausgestellt. Das den Leser überraschende Ergebnis des Textes ist, dass aus Verehrern fremder Götter durch die Flucht Jonas Menschen werden die den Gott Jonas fürchten und ihm Opfer bringen. »Vom Gott jenes Hebräers lehrt unser Novellist im Medium satirischen Erzählens, daß er unter ganz Fremden Gehorsam und Vertrauen zu finden vermag, die ihm der eigene Bote versagt.«(Wolff, Jona, S. 99) Jona 1 lädt die ursprünglichen Leser zur Selbstreflexion ein. Möglicherweise hat der Autor oder das Redaktorenteam den Kontrast zum Verhalten König Jojakims (vgl. Jeremia 36) vor Augen gehabt. In Jerusalem verbrennt der König die Worte des Propheten. Die heidnischen Matrosen opfern dem Gott des Jona.

Kapitel 2

Jona 2 enthält in den Versen 1-2 und 11 einen Erzählrahmen. Hier ist der Schwerpunkt deutlich auf Jahwes Tun gelegt. Jona ist ganz passiv beschrieben. Jahwe schickt den Fisch und Jahwe bewirkt auch, dass der Fisch Jona wieder an Land spuckt.

In den Erzählrahmen eingebettet hat der Autor das Gebet des Jona, welches formgeschichtlich als Psalm und innerhalb der Psalmen als individuelles Danklied zu klassifizieren ist. Auf die in diesem Zusammenhang interessierende literarkritische Analyse verweise ich auf die einschlägige Kommentarliteratur. Der Text beschreibt auf humorvolle Weise, wie Jahwe den fliehenden Boten zur Umkehr bewegt. Wenn Gott bei dieser Umkehr einen »großen Fisch« schickt (V. 1), dann betont der Erzähler damit Gottes spielerischen Umgang mit den Geschöpfen und entzaubert das Meer als Ort des Chaotischen und der Gottesferne.

Kapitel 3
Jona 3 wird eröffnet mit der zweiten Beauftragung Jonas zur Bußpredigt in Ninive. Daraufhin wird die Umkehr der Bevölkerung von den untersten gesellschaftlichen Schichten bis hinauf zum König konstatiert. Der Zielpunkt von Jona 3 ist die Konstatierung der Reue Gottes und dadurch bedingt die Zurücknahme des Gerichtsbescheides (V. 10).

»Die Heiden Ninives haben hier Gottes Gedanken besser verstanden als Jona.«(Hans Brandenburg, Die Kleinen Propheten I: Joel – Obadja – Jona – Micha – Nahum – Habakuk – Zephanja, Liebenzell: Verlag der Liebenzeller Mission, 3. Aufl., 1982, Seite 61) Auch diese Feststellung zeigt, dass der Autor seine Leser zur Reflektion einlädt. Jona 3 macht deutlich, dass der Autor erkennbar auf Jeremia 18,7ff zurückgegriffen hat. Damit lässt sich das Gedankengut Jonas als in deuteronomistischer Theologie verankert darstellen.

Kapitel 4
Kapitel 4 richtet sich die Perspektive wieder auf Jona, der die Reue Gottes nicht akzeptieren will. Den Abschluss bildet ein Spiel Gottes mit Jona. Der Dialog ist gefüllt mit Ironie. Der Schluss ist betont offen gehalten worden. Der Autor lädt den Hörer oder Leser seines Textes zur Meditation und Selbstreflexion ein.

Die Erzählung von Jona »endet damit, dass solcher Glaube die Wandelbarkeit Gottes zu seinen Gunsten erfährt« (Wolf, Jona, S. 131). Jonas Aufbegehren gegen die Reue Gottes markiert den Höhepunkt der Erzählung. Auffällig in diesem Text ist die Tatsache, das der Autor den Text ohne Statuierung der Entscheidung Jonas enden lässt. Die Geschichte hat einen offenen Abschluss und fordert damit vom Rezipienten eine eigene Entscheidung.

Der Fokus des Erzählers ist in Jona 4 eindeutig auf Jona und Gottes Begründung seiner Barmherzigkeit – auch für Feinde – gerichtet. Es ist beachtenswert, dass der sonst als schweigsame Jona hier lange und angeregt zu Worte kommt. Dabei plagt Jona nicht das komplexe Thema der Theodizee. Vielmehr geht es Jona in hohem Maße um die eigene Selbstbehauptung (vgl. Wolff, Jona, S. 149). Ein zweiter Schwerpunkt liegt beim Umgang Jahwes mit seinem Boten. So negativ wie der Prophet Jona in der ihm gewidmeten Erzählung auch dargestellt wird, so bleibt er doch ein Mensch den Gott zur Realisierung seiner Zielsetzung gebraucht (vgl. Von Rad, Theologie, S. 302). Damit rücken zwei Schwerpunkte des Jonabuches ins Blickfeld. Da ist zunächst das Versagen und die Kleinkariertheit der Person des Jona. Daneben aber wird, nicht weniger bedeutsam, die Souveränität Jahwes herausgestellt.

Die Person des Jona repräsentiert das Denken Israels, dass Gottes Barmherzigkeit partikularistisch auf das eigene Volk begrenzen will (vgl. Walter Brueggemann, Theology of the Old Testament: Testimony, Dispute, Advocacy, Minneapolis: Fortress Press, 1997, S. 509). Das Buch Jona betont damit eine Thematik, die in Israel bis in neutestamentliche Zeit umstritten war. Dies gilt auch für die Diskussion in der Urchristenheit. Darauf deutet im Neuen Testament die Kornelius-Perikope (Apostelgeschichte 10) noch deutlich hin. Erst allmählich konnte sich der Universalismus durchsetzen.

DAS THEMA FÜR KINDER

Barmherzigkeit über alles!

Das Buch Jona beginnt ohne viel Umschweife. Gott sprach zu Jona. »Geh los und sage den Einwohnern Ninive, dass ich sie bestrafen werde, weil sie so boshaft sind.« Jona hat daraufhin nichts Besseres zu tun als wegzulaufen und so nimmt die Geschichte ihren Lauf. Erst gefährliche Situationen, die späte Einsicht, dass Gott ihm helfen kann und das Erleben seiner Barmherzigkeit, lassen Jona umkehren um Gottes Auftrag zu erfüllen.

Die Situation, andere Wege zu gehen als die, die man uns vorgibt, kennen wir alle. Der Drang eigene Entscheidungen zu fällen, zu tun, was man selber für richtig hält, bestimmt unser Leben. In vielen Bereichen unseres Alltags ist es erforderlich, eigene Entscheidungen zu fällen. Flexibilität und selbstständiges Arbeiten sind wichtige Softskills in unserem Arbeitsalltag. Bei Jona geht es aber nicht um die positive Eigenschaft, entscheidungsfreudig zu sein, sondern um eine klare Arbeitsverweigerung. Der Auftrag, den Gott Jona gab, war allerdings nichts Nettes. Nichts, womit er glänzen konnte, ging es doch um eine unangenehme Nachricht, die er den Leuten aus Ninive mitteilen sollte. Jona war Prophet, das Reden mit Gott und das Hören auf Gott gehörte für ihn zum täglichen Geschäft.

Kinder kennen diese Art der »Arbeitsverweigerung«. Extraaufgaben werden nicht gemacht, unangenehme Aufgaben solange vor sich her geschoben bis sie sich von selbst erledigen (geschieht leider nicht so oft), Aufgabenzettel aus der Schule verschwinden auf sonderbare Weise, Hausaufgaben werden nur dann wichtig, sobald Vater/Mutter »Spülmaschine ausräumen« sagt usw. Manchmal hat man fast den Eindruck, die Kinder entscheiden sich für bestimmte Dinge nur, weil man als Erzieher, Lehrer, Mutter oder Vater dagegen ist. Ist das bei Jona so gewesen? Hat er sich so be-

wusst gegen Gottes Auftrag entschieden, weil er einfach mal aufmüpfig sein wollte? Hier kann man den Erfahrungsschatz der Kinder aufgreifen. Kinder wissen oft ziemlich genau warum sie bestimmte Dinge tun und andere wieder nicht. Die Kinder können erzählen, wie es ist, selbständig zu entscheiden und dagegen zu sein. Wie gehen die Kinder mit Anweisungen der Eltern/Lehrer/Erzieher um, die ihnen zuwider sind? Die Übertragung zur Geschichte Jonas fällt dann nicht schwer.
Jonas war nicht einfach nur dagegen oder aus einer Laune heraus aufmüpfig, genauso wie die meisten Kinder nicht einfach nur dagegen sind. Jona hatte Angst, fühlte sich überfordert und war unsicher, ob dieser Auftrag wohl ein gutes Ende nehmen würde. Und so tut er etwas, was typisch für uns Menschen ist – er flieht!

Zwei Aspekte können für die Kinder wichtig werden:
1. *Jeder fällt manchmal Fehlentscheidungen. Niemand ist perfekt. Selbst ein Prophet wie Jona macht manchmal unvernünftige Sachen. Hier ist es wichtig, den Erfahrungsschatz der Kinder aufzugreifen.*
2. *Gott ist trotz allem barmherzig!*

In der Geschichte von Jona wird deutlich: Gott lässt Jona nicht los. Er geht ihm nach, trägt ihn auch durch schwere Zeiten, bis er endlich die Barmherzigkeit Gottes erkennt. Trotz allem Ungehorsam und vielen Fehlentscheidungen steht Gott zu Jona. Diese Zusage auch den Kindern zu vermitteln kann prägend für das weitere Leben sein.

In dieser Stundenvorbereitung werden Elemente aus der Psychomotorik und des Puppenspiels genutzt. Die Zusammenhänge zwischen Bewegung einerseits und Konzentration und Aufnahmefähigkeit sind hinlänglich erforscht. Kinder lernen in Bewegung leichter und so sind Bewegungselemente nicht nur eine nette Abwechslung, die Spaß macht, sondern sie fördern die Aufnahmebereitschaft der Kinder. Zudem ist das Handpuppenspiel als pädagogisches Konzept in Gruppenstunden oder Gottesdiensten eine Methode, die Kinder und Erwachsene gleichermaßen anspricht.

Begrüßung

Heute soll es um das Thema »Fische« gehen und um einen Menschen, der eine besondere Begegnung mit einem Fisch gehabt hat. Aber bevor wir anfangen, wollen wir die Hauptperson in unserer Mitte begrüßen

Gebet
Danke Jesus, das du dir jetzt Zeit nimmst für uns. Segne diese Kinderstunde/Jungschar. Wir sind so gespannt auf das was du uns heute sagen möchtest. Gib uns offene Herzen und Ohren damit wir verstehen und sehen wie toll du bist. Danke Vater! Amen!

Lied: Gott liebt dich

Spiel: Fische fangen
So geht's: Ein Kind ist der Fischer, die anderen die Fische. Nun läuft der Fischer los und versucht die anderen zu fangen. Wer abgeklatscht/berührt wurde, wird nun zum Fischer und geht Hand in Hand mit dem anderen Fischer auf Fangtour usw. So verlängert sich die Fischerreihe immer mehr und es wird schwieriger für die Fische auszuweichen. Der letzte nicht gefangene Fisch wird der neue Fischer.

Lied: Leaning on the Lord´s side

Vertiefung

Geschichte
Diese Geschichte wird durch die entsprechenden Bewegungen, die genannt werden, lebendig. Hier sind pantomimische Fähigkeiten gefragt. Die Sprache ist bewusst bildhaft und mit kurzen Sätzen gestaltet. Der Erzähler/die Erzählerin muss die Geschichte am Besten auswendig können und auch die Bewegungen im Kopf haben. Die Kinder sollen sich an dem Erzähler orientieren und gleich mit machen. Dynamik kommt in die Geschichte, wenn schnelle und langsame Bewegungen übertrieben ausgeführt werden. Bei der Wahl der Bewegungen ist jeder ganz frei und kann sich auch spontan etwas einfallen lassen, so wird dieselbe Geschichte nie gleich sein.

Jonas bewegte Geschichte
Eines Morgens wacht Jona auf und reckt sich. Es ist ein schöner Morgen. Langsam schlurft er in die Küche, füllt sich ein Glas Milch ein und starrt aus dem Fenster. Auf einmal schreit er auf und springt vor Schreck in die Luft. Wer spricht da? »Ich bin es! Der Herr, dein Gott! Ich habe einen Auftrag für dich! Geh nach Ninive und sag den Menschen dort, sie sollen aufhören böse Dinge zutun. Ich werde sie bestrafen.«
Jona macht große Ohren. Er glaubt fast er hat sich verhört. »Ich nach Ninive mit schlechten Nachrichten? Niemals!« Kaum hat er das zu Ende gedacht läuft er auch schon los. Er läuft und läuft. Durch hohes Gras. Klettert auf hohe Berge. Und wieder runter. Und wieder läuft er. Bis zum Meer. Dort auf ein Schiff. Nun ruht er aus und schläft. Aber was ist das? Das Boot schaukelt. Es schaukelt immer mehr und heftiger. Jona wird ganz

schlecht. Er denkt: Oh nein, Gott bestraft mich, weil ich nicht nach Ninive gegangen bin. Und so schmeißen die Seeleute ihn ins Meer. Mit einem, der Gottes Strafe auf sich zieht, wollen sie nichts zu tun haben. Jona ertrinkt beinahe. Doch dann wird er von einem riesiger Fisch verschluckt. Gott hat ihn vor dem Ertrinken gerettet. Er singt und tanzt für Gott ein Loblied. Da spuckt der Fisch ihn wieder ans Land. Direkt am Strand in der Nähe der Stadt Ninive. Jona geht nach Ninive. Dort ermahnt er das Volk. Jona wundert sich: Die Menschen sind gar nicht wütend auf Jona, sondern beten und fasten und bitten Gott um Verzeihung. Gott hat Mitleid mit ihnen und er vergibt ihnen.

Gesprächsangebot:
Warum ist Jona weggelaufen? Habt ihr das auch schon mal erlebt, das jemand vor einer wichtigen Aufgabe weggelaufen ist? Wie haben denn die anderen (Lehrer/Schüler/ Freunde/Eltern) darauf reagiert? Wie hat Gott denn bei Jona reagiert?

Lied: Gott mag Kinder

Gottes Barmherzigkeit

Material: Ein langer Mantel, kann gerne zu groß sein, auf der Rückseite ist ein Schild festgemacht »BARMHERZIGKEIT Gott Design«, von innen sind Schilder befestigt, die mit Jonas Erfahrung zu tun haben »Angst« »Weglaufen« »Feigheit« und anderes.
Gesprochener Text: Ich habe euch einen langen Mantel mitgebracht. Der ist wunderbar warm, bedeckt mich gut und man kann ihn auf und wieder zu machen. Was ich darunter verstecke ist nicht ganz weg, aber es tut gut, dass es nicht jeder sieht. Ist ja schon unangenehm genug, dass soviel unter diesem Mantel steckt, *(die verschiedenen Schilder werden gezeigt)* aber Gott hat mir angeboten mir bei der Reinigung zu helfen. Den Mantel habe ich übrigens auch von Gott. Nicht nur, dass er warm, schön und kleidsam ist, er ist auch noch selbstreinigend. Na ja, vielleicht nicht ganz. Ich muss schon hin und wieder meinen Mantel aufmachen und meine Markierungen hier drin offen legen, aber das muss ich nicht alleine tun. Gott hilft mir dabei. Wollt ihr wissen von welchem Modedesigner mein Mantel ist? Der Mantel ist nicht von BOSS oder Esprit, aber enorm teuer und wertvoll. Toll ist, das ich ihn umsonst bekomme habe. Mein Mantel ist von *(Mitarbeiter dreht sich um und spricht)*: Barmherzigkeit Gott Design.

Gemeinsames Gebet

Lied: Das wünsch ich sehr

Abschlussgebet; Segen

Vorbereitung des gestalterischen Elementes für den Gottesdienst: Handpuppenspiel

Handpuppengeschichte: Die Geschichte aus der Sicht einer Ameise

Die Handpuppen werden aus einfachsten Materialien hergestellt (Socken, Pappe, Pfeifenputzer, Wolle).

Adam Ameise: Guten Tag! Ich hab gehört, dass ihr heute die Sache mit diesem Jon Ameise, oder auch Jon A., besprecht. Ich bin ja immer dafür, die Dinge nicht komplizierter zu erzählen, als sie sind, und nicht lang um den Pudding herum zu reden. Oder so! Nee, nee für lange Rede ist kein Platz in unserem Staat. Also kein langes Geschwafel, so wie es sich für einen anständigen Soldaten der Arme unserer »Großmächtigen Ordnungshüterin der Termitischen Territorien«, kurz G.O.T.T. (sprich Dschie OH,Ti,Ti) gehört. Immer geradeheraus, das ist mein Motto. Und das meine ich auch so, denn wem hilft es wenn immer so viele Worte gemacht werden? Niemanden, sag ich da mal so! Redezeit geht von der Arbeitszeit ab und das schadet dem Ausbau unseres Reiches. Reden bei der Arbeit, das geht, aber einfach nur reden?! Nee, das ist keine Ameisentugend.

Erzählerin: OK. Adam, das haben wir jetzt ja gehört. Was willst du denn nun eigentlich erzählen? Ich hatte für heute noch andere Dinge geplant. Ich wusste außerdem noch gar nicht, dass Jona eine Ameise war, aber vielleicht gibt es ja mehrere Jonas.

A.A.: O.K.! Ich sag es jetzt ohne Umschweife. *SCHWEIGEN!*

E. wartet kurz: Wir sind ganz Ohr! Fang ruhig an!

A.A.: Unterbrich mich doch nicht dauernd. Puh! Fällt mir echt nicht leicht. Die Geschichte ist so furchtbar. O.K. ich verschone euch jetzt nicht mehr. Wollt ihr die ganze Wahrheit hören?

E. schon ein wenig genervt: Ja, Adam! Fang an, sonst erzähl ich meine Fassung der Jona Geschichte.

A.A: Zuerst müsst ihr wissen wie es bei uns so läuft. Was G.O.T.T. sagt wird getan. Sie ist unsere Ameisenkönigin und niemand, und damit meint sie auch niemand, darf sich ihren Vorstellungen und Anweisungen widersetzen. Nur so ist der Bau unseres Reiches ungefährdet. Nur so werden wir immer genug zu essen und zu arbeiten haben. Habe ich jedenfalls gedacht. Und dann geschah das Unglaubliche: Aber der Reihe nach. Das war so: Es gab da in einer Sektion unseres Baus, na, ich will mal sagen, eine kleine Unregelmäßigkeit. Es geschah in der »Nord-Irdischen Nutzungsinitiative viertes Erdreich, kurz NINIVE. Diese liegt eher am Randgebiet des Baus und wir haben lange nicht so richtig mit bekommen, was da alles abging. Da ging es drunter und drüber sag ich euch. Das hat die Welt noch nicht gesehen.

E: Wie war das noch mit dem geradeheraus? Was haben die denn dort gemacht? In der Sonne gelegen oder was?
A.A.: In der Sonne? Bist du ahnungslos! NINIVE liegt doch unterhalb der Erde, deshalb ja viertes Erdreich.
E: Tut mir leid! Ich kenn mich nicht so aus in der Ameisenwelt. Erzählst du es trotzdem?
A.A.: Na gut! Wenn du mich so nett bittest. Dauert auch nicht mehr lang. Viele Worte sind ja nicht so meine Ding. Sagte ich das schon! Na egal. Aber wo war ich? Ach ja NINIVE. Die haben fast gar nicht gearbeitet. Ich dachte, ich hör nicht richtig. Die haben einfach die Vorschriften für den korrekten Ameisenbau missachtet. Die Stechzapfen waren total verstaubt.
E: Wie bitte? Was sind denn Stechzapfen?
A.A.: Ach ja, die heißen bei euch anders. Wir verwenden ausschließlich Materialien aus den umliegenden Wäldern und Wiesen. Stechzapfen heißen bei euch Stechuhren. Jede Ameise hat ihre Zeiterfasungstannennadel, die dann bei Arbeitsbeginn und zum Feierabend in den Stechzapfen gesteckt wird. Dort wird dann die Zeit festgehalten. Wie ich schon sagte arbeiteten sie nicht mehr nach Plan. Die haben sich tatsächlich einfach unterhalten, haben die Gemeinschaftsverpflegung mitgegessen und haben nichts Neues rangeschafft. Puh, so dicke Ameisen hatte ich bis dahin noch nie gesehen. Waren die fett und so faul! Das glaubt ihr nicht, die konnten sich kaum noch bewegen. Durch die engen Transportwege kamen die kaum noch durch. Das war ein Schauspiel.
E: Das ist nicht nett von den Ameisen aus NINIVE. Es hat euch allen und vor allem ihnen selbst geschadet hat, das ist klar. Aber was hast du denn dort gemacht? Musstest du nicht in deiner eigenen Region arbeiten? Und was ist mit Jon A.? War das einer von den dicken Ameisen?
A.A.: Nein, ganz anders! Ich hab da so ein Gespräch mitbekommen zwischen unserer G.O.T.T. und Jon A. . Jon A ist eine besondere Ameise, sie arbeitet nicht direkt am Bau, sondern ist eine Art Vermittlerameise, zwischen G.O.T.T. und dem Ameisenvolk. G.O.T.T. hat zu Jon A. gesagt, ohne viel Gelaber wie es eben Ameisenart ist, »Geh zum NINIVE und sag ihnen, sie sollen aufhören mit diesem Unsinn. Sie sollen nicht denken, ich hätte ihre schlechten Taten nicht gesehen. Ich werde sie dafür bestrafen. Geh zügig.« Das fand ich ja nun total spannend, und so bin ich ihm gefolgt. Natürlich außerhalb meiner Dienstzeit und natürlich nur um keine Anweisungen der G.O.T.T. zu verpassen. Ist ja klar!! Also, ich hinterher und dann geht doch Jon A in die vollkommen verkehrte Richtung. Ich dachte noch: »Ist der jetzt total irre und kennt unseren Bau nicht mehr?« Aber der ist ganz gezielt falsch gegangen. Ich dachte, ich kipp aus den Stiefeln. Bis zur Oberfläche unseres Baus ist er gegangen und dann rauf auf die Wiese. Da bin ich dann nicht mehr hinterher. Bin doch nicht blöd. Weißt du, was da für Gefahren lauern? Habe dann aber hinterher gehört, dass diese Flucht nicht geglückt

ist. Die Gerüchteküche erzählt irgendetwas von einer Maus, die ihn gefressen und dann wieder ausgespuckt hat. Ich vermute dass G.O.T.T. da ihre Finger im Spiel hatte und ihn gerettet hat. Na, wie dem auch sei. Er ist dann doch noch zum NINIVE gegangen und hat die Botschaft überbracht. Strafen hat es dann wohl gar nicht mehr gegeben. Die Ameisen im NINIVE waren verständig und einsichtig und wollten alles wieder gut machen und so. Na toll! Unser eins rackert sich ab und bekommt nichts und die bekommen noch nicht mal eine kleine Strafarbeit. Klasse! So was nennt man dann wohl Barmherzigkeit!

E: Adam, findest du nicht, du bist ein wenig hart?

A.A: Nö!

E: Ja, aber

Erzählerin wird unterbrochen durch eine andere Ameise (mit Krone). G.O.T.T. kommt und spricht mit Adam.

G.O.T.T.: Adam, was tust du hier?

A.A.: Ich? Äh, ich erkläre nur die wunderbare Ameisenwelt, wie gut alles läuft und wie gerecht du bist und so …

G.O.T.T.: Und das wahrscheinlich wieder mit vielen, vielen Worten. Warum kannst du es den Ameisen aus NINIVE nicht gönnen, dass sie meiner Strafe entgangen sind?

A.A: Weil es unfair ist. Ich gehe immer arbeiten und tue immer, was du sagst und nie verlange ich etwas, aber die dürfen tun was sie wollen.

G.O.T.T: Über NINIVE und über alle anderen entscheide ich allein. Adam, wie war denn die Geschichte, als du mich und Jon A belauscht hast?

A.A beschwichtigend: Pst, nicht so laut!! Ist ja gut, ich verstehe ja schon.

E: Ach, das ist ja jetzt interessant. Was war da denn?

G.O.T.T.: Ich sage nur unerlaubtes Entfernen vom Bauabschnitt, Tannennadellawine durch Verlassen der markierten Wege und faule Ausreden.

A.A: Ja, aber wenn ich auf dem Weg gegangen wäre, hätte Jon A mich ja entdeckt. Ups! Das hätte ich jetzt nicht sagen dürfen.

E: Und was ist dann passiert? Hast du eine dicke Strafarbeit aufbekommen?

A.A. spricht ganz leise, mit zusammengekniffenem Mund, man kann fast nichts hören: »Nö! G.O.T.T. hat meine *Entschuldigung angenommen und mir verziehen.«*

E: Wie bitte? Du musst lauter sprechen, sonst hören wir nichts.

A.A.: OK,OK! G.O.T.T. war auch zu mir barmherzig und hat mir verziehen. Kann ich jetzt gehen?

DAS THEMA FÜR JUGENDLICHE

Weggelaufen – Gedanken im Wal

Abhauen, einfach weglaufen, diesen Gedanken hatte wahrscheinlich jeder Jugendliche irgendwann. Aus Angst vor Etwas, als Reaktion auf Etwas, als unüberlegtes Befolgen eines Urinstinktes der Flucht bis hin zum wohlüberlegten Kalkül einer Inszenierung.
Nicht nur Kinder laufen weg, auch Jugendliche, und selbst Erwachsene entziehen sich Situationen, denen sie nicht gewachsen sind oder die so nicht haben wollen.
Angefangen beim Kleinkind, das sich schämt, wenn es von einem Erwachsenen angesprochen wird und an das Hosenbein der Mutter flieht; bis hin zum Erwachsenen, der vorgibt, nur schnell ein paar Zigaretten zu holen, und erst Jahre später wieder auftaucht, weil er der ehelichen Situation nicht gewachsen ist. Das Schulkind, das wegläuft, weil es nicht mit der Familie umziehen möchte, denn es würde in der fremden Stadt nicht einen Menschen kennen und dabei noch alle Freunde verlieren. Und wie viele Jugendliche sind schon weggelaufen, wenn sie sich zu Hause nicht mehr geliebt fühlen, Vater und Mutter sich nur noch streiten und alles Vertraute aus den Fugen bricht?
Jedes Weglaufen hat eine Ursache, einen Grund und wahrscheinlich gibt es auch eine Person, vor der man wegläuft. Er oder sie macht sich auf den Weg und hofft, nicht gefunden zu werden. Gesucht wird ein Ort, an dem man sich verbergen und möglichst lange unentdeckt leben kann. Mit Glück hat man einen Freund oder Verwandten, zu dem man laufen kann, der einen beschützt.
Aber auch wenn es keinen Ort oder keinen Menschen gibt, zu dem man will, hat eine Flucht ein Ziel, nämlich die Veränderung der Ausgangssituation, wie auch immer sich das darstellt. Weglaufen ist selten das erste, sondern in der Regel das letzte Mittel. Damit wird die Beziehung zu dem Menschen, vor dem man wegläuft, in Frage gestellt und häufig auch bewusst beendet.
Es gibt aber auch Fluchten, die nicht erfolgreich sein wollen, wo der oder die Flüchtige gefunden werden will. Nichts schrecklicher, als das niemand suchen würde. Eine solche Flucht geschieht in enger Beziehung zu dem, vor dem ich flüchte und soll die Beziehung gestalten.

Jugendliche finden in einem Aufriss, wie er gerade geschehen ist, Anknüpfungspunkte für ihre eigenen Themen und Geschichten. Mancher, der es geplant hatte, einer, der es durchgeführt hat, jemand den man kennt, der weggelaufen ist oder warum man mal daran gedacht hat. Hier hinein kommt die spezielle Flucht des Jona.

Gedanken zum Text

Jona wird nicht großartig vorgestellt. Aber er ist ein von Gott Auserwählter. Er soll ein Prophet sein und gegen eine Stadt predigen, Ninive, deren Bosheit vor Gott gekommen war. Jona hatte keinen großen Krach mit irgend jemandem. Jona flieht auch vor keiner Person. Jona flüchtet vor Gott. Noch ist seine Beziehung vage, er sieht sich als Hebräer, der den Herren fürchtet (Jona 1, 9), der auch um seine Macht weiß (Jona 1, 12), doch zu einer lebendigen Beziehung kommt es erst später. Er flieht, und auch der Leser erfährt nicht seine Beweggründe. Er will dem Auftrag des Herrn entgehen. Doch Gott entlässt ihn nicht und folgt ihm sogar, mehr noch: er erteilt ihm eine Lehre. Jona landet, von der Besatzung seines Schiffes geopfert, zur Besänftigung des Sturmes und damit Gottes, im Meer. Es braucht erst drei Tage und drei Nächte im Bauch eines Fisches, bevor er ein Gebet aus tiefster Inbrunst zu seinem Herrn sprechen kann (Jona 2). Dieses Gebet ist eines nach tiefster Verzweifelung und Todesnähe. Jona erhält eine zweite Chance, seinen Auftrag zu erfüllen. Nach dieser Zeit ist er bereit, seinen von Gott erhaltenen Auftrag auszuführen und wird Gottes Prophet, doch sein Lernen ist noch nicht beendet. Denn obwohl er im Bauch des Fisches Gott erkennt und lieben lernt, obwohl er Gottes Gnade erfährt, muss er noch mehr über die Güte und die Größe der Gnade Gottes lernen. Gott verschont nicht nur den Jona, sondern auch Ninive (Jona 3, 10). Und das erzürnt Jona. Auch wenn er diese Güte und Gnade gerade selber spüren durfte, gesteht er sie den Leuten von Ninive nicht zu. Es ist nicht gerecht, wenn sie immerfort gesündigt haben, jetzt aber verschont werden. Und weil Jona dies ahnte, wollte er Richtung Tharsis fliehen (Jona 4, 2), weil die Gnade Gottes größer als Gottes Zorn ist, und das Ergebnis absehbar in Jonas Augen. Gott erteilt ihm noch einmal eine Lehre. Er schenkt Jona eine Staude, die ihm in seiner Wüste Schatten spendet. Darüber freut sich Jona, doch am Tage darauf lässt Gott sie verdorren, und Jona trauert um die Staude. »Was dir die Staude bedeutete«, fragt Gott, »obwohl du dich nicht um sie gekümmert hast, darf mir nicht Ninive bedeuten, für die ich immer verantwortlich war?«

Jonas Flucht und Disput ist nach den drei Tagen im Fisch nicht zu Ende. Es ist nicht alles wieder in Butter und läuft nun reibungslos weiter. Nach keinem Weglaufen und Gefundenwerden kann das ernsthaft der Fall sein und so bekommen wir eine göttliche Botschaft nicht eindimensional serviert. Es fordert nicht nur Jona, nicht nur Ninive, sondern uns selbst heraus, festzustellen, dass Gottes Gerechtigkeit unsere Vorstellungen übertrifft, Ungerechtigkeit sich bei dem scheinbar gerechten Jona findet, Ungerechtigkeit oder aber mangelndes Vermögen vielleicht auch bei uns, wenn wir üben, Gerechtigkeit und Ungerechtigkeit zu definieren.

Ziel der Stundengestaltung

Eine Stundengestaltung sollte dahin führen, den teilnehmenden Jugendlichen einen Zugang zum Thema »Weglaufen« zu ermöglichen, den sie nicht zu nah aber auch nicht zu abgespalten erleben. Des weiteren sollten sie in der Jonageschichte die Dimensionen von Gottes Barmherzigkeit, Güte, Gnade und Langmut (Jona 4, 2a) erfahren, den sie wieder in Bezug zu ihrer Lebensrealität setzen können. Gott lässt den Einzelnen nicht fallen und auch nicht pauschal eine Masse von 120 000 Menschen. Er erbarmt sich im Kleinen und im Großen. Seine Gerechtigkeit sprengt unsere Maßstäbe. Die Jugendlichen müssen befähigt werden, das Erleben des Jona im Bauch des Fisches nachzuvollziehen, um daraus einen Text schreiben zu können, der in den vorzubereitenden Gottesdienst Eingang finden kann. Die Erfahrungen des Jona im Fischbauch sind die Schlüsselerfahrungen, die seine Umkehr ermöglichen. Das Gebet des Jona ist gleichzeitig Darstellung und Ergebnis dieser Erfahrungen. Ein Text »Weggelaufen – Gedanken im Walfisch« muss von daher von der Ausweglosigkeit und Todesnähe des Jona zeugen, aber auch von den Erkenntnissen, die zur Umkehr führten, und damit selbst von Gottes Langmut, Barmherzigkeit, Güte und Gnade zeugen. Der Text muss es ermöglichen, dass die Stelle, an der er im Gottesdienst zum Einsatz kommt, selbst Schlüsselstelle von Gotterkenntnis für die Gemeinde wird.

Wenn die Vorbereitungszeit ausreicht, kann es durchaus angebracht sein, den Entwurf in mehrere Einheiten zu unterteilen. Ein Schwerpunkt sollte das Thema »Weglaufen« sein, ein Schwerpunkt das Thema »Das besondere Weglaufen des Jona«. Aber auch eine, wenn auch kurze, Zusammenbindung in der Realität der Jugendlichen sollte nicht fehlen.

Begrüßung, Einleitung

Begrüßung, Lied, Gebet (je nach Gruppensituation)
Zu Beginn wird dargestellt, dass ein Gottesdienst geplant ist, in dem es um das Thema »Weggelaufen« geht, um Gerechtigkeit und Ungerechtigkeit, das Buch Jona aus der Bibel. Ein Text aus dieser Gruppe soll Eingang finden in den Gottesdienst.

Rollenspiel

Nach vorgefertigten Rollenanweisungen sollen die Jugendlichen eine fiktive Weglaufgeschichte spielen. Aus ihren eigenen Erfahrungen oder unter Zuhilfenahme von Secondhand-Erfahrungen sollen sie sich an das Thema annähern.

Auswertungsgespräch
Inhalte und Zielsetzung:
- Dimensionen von Weglaufen,
- Beweggründe von Weglaufen,
- Zielsetzung von Weglaufen,
- Sinn und Unsinn von Weglaufen,
- Frage nach den Beziehungen hinter dem Weglaufen,
- evtl. nach eigenen Erfahrungen fragen,
- evtl. nach Erfahrungen aus dem Umfeld der Jugendlichen fragen,
- Wie war es nach der Rückkehr?

Biblischer Text

Jona 1 und 2
Der Text wird gelesen, ein Stummes Gespräch schließt sich an.

Stummes Gespräch
Material: Tapete, Stifte
So geht's: In einem stummen Gespräch sollen die Jugendlichen sich mit dem Thema »Jona – Weggelaufen« auseinandersetzen. Zum Eingang schreibt man eine Frage oder Anregung auf und wartet auf Antworten. Am stummen Gespräch sollen sich möglichst viele aus der Gruppe beteiligen. Das Gespräch wird soweit als nötig angeregt mit neuen Gedanken. Häufig kommt ein solches Gespräch nur schwer in Gang, ist es aber erst in Fahrt, ist es wiederum auch nicht leicht zu stoppen. Wenn das Gespräch beendet ist, sollte der Gruppenleiter kurz zusammenfassen und die theologischen Schwerpunkte herausstellen.
Inhalte können sein:
- Was ist an der Jona-Geschichte besonders?
- Ist es eine andere Art von Weggelaufen-Geschichte?
- War das Auswählen des Jona als Grund des Übels an Bord des Schiffes ein Zufall?
- Was haltet ihr davon, dass Jona über Bord geworfen wurde?
- Was ist in Jona wohl vorgegangen, als er ins Meer fiel?
- Was hat er wohl zuerst gedacht, als er im Bauch des Fisches wieder denken konnte?
- Ob er Gott gehasst hat?
- Wie kommt es zu seinem Psalmgebet im Bauch des Fisches?
- Haltet ihr das für realistisch?
- Gibt es eine vergleichbare Situation, die ihr euch vorstellen könntet?
- Was hat Jona im Bauch des Fisches wohl alles gedacht?
- Was hält Jona am Ende seiner Zeit im Fisch von Gottes Barmherzigkeit und Gnade?
- War das wohl das Ende der Erfahrung Jonas mit Gott?

Vorbereitung des gestalterischen Elementes für den Gottesdienst: Gedanken im Wal
Entwickeln eines Textes im Gespräch, was Jona wohl im Bauch des Walfisches gedacht hat, einer schreibt mit.

Alternativ
Eine stumme Fortschreibung analog zum stummen Gespräch. Jeder trägt einen Satz zu den Gedanken bei, der Gruppenleiter sollte sicherstellen, dass der Sinneswandel von Angst und Qual hin zum Gotteslob deutlich wird, ohne dass entweder das Eine oder das Andere nicht genügend gewürdigt wird.

Feedbackrunde

– Unter der Fragestellung »Habe ich heute etwas mitgenommen
– über das Thema Weglaufen,
– über die Jonageschichte für sich gesehen,
– über Barmherzigkeit und Gnade, Gerechtigkeit und Ungerechtigkeit Gottes,
– über das, was die Jonageschichte und mein Leben miteinander zu tun haben?

Abschluss

Gebet, Lied (je nach Gruppensituation)

DAS THEMA FÜR ERWACHSENE:

Jona auf der Flucht

Eine Gruppeneinheit für Erwachsene zur Beschäftigung mit dem Thema und zur Vorbereitung einer Aktion im Gottesdienst.

Ziel
Es soll in der Gruppe eine Aktion geplant und ausgearbeitet werden, die am folgenden Sonntag in der Gemeinde mit allen Menschen und Generationen gemeinsam durchgeführt werden kann. Das Gespräch Jonas mit Gott soll nachvollziehbar für die

ganze Gemeinde und als ein unserem persönlichen Zwiegespräch mit Gott ähnlichem erlebbar werden.

Inhaltliche Anhaltspunkte im Bibeltext

Das Zwiegespräch zwischen Jona und Gott ist die Geschichte eines anhaltenden Missverständnisses. Jona vertritt sich selbst, sein Leben und seine Ehre vor Gott und Gott sieht Jona eingebunden in sein Bemühen zur Rettung eines verlorenen Volkes. Das ganze beginnt damit, dass Gott zu Jona spricht und Jona davor flieht. Jona schafft es zunächst, den Worten Gottes zu entkommen. Doch Gott spricht mit ihm durch Seestürme, heidnische Seeleute und einen riesigen Fisch aus dem Meer, das in der Bibel eigentlich ein Symbol der Gottesferne und Bedrohung ist, also durch lauter unerwartete und ungewöhnliche Boten. Erst im Bauch des Fisches nimmt Jona das Gespräch mit Gott wieder auf und bekennt, wie weit er sich verlaufen hat und wie dankbar er Gott für seine persönliche Rettung ist. Er beschließt, zum Dank seinen Auftrag zu erfüllen. Er verkündet Ninive den Untergang. In 3,5 heißt es »da glaubten die Leute von Ninive an Gott«, Jonas Auftrag kommt also in der Perspektive Gottes zum Ziel, Jona selbst aber verliert schon in diesem Moment. Denn die Menschen glaubten nicht Jona, sondern »an Gott«, glaubten den Chancen der Buße also mehr als der Drohung der Vernichtung. Keiner flieht aus der Stadt. Auch Jona verlässt die Stadt erst, nachdem die 40 Tage um sind – vielleicht wollte er den Untergang hautnah miterleben, nun hatte sich seine Prophetie nicht erfüllt, seine Botschaft schien hinfällig, er fühlte sich mit seinem Gottesgehorsam vor den Leuten vorgeführt. Als hätte Gott diese Heiden für ihre 40 Tage Buße lieber als ihn, seinen Propheten für seinen halsbrecherischen Gehorsam. Und so verdreht sich sein eigenes Bußgebet aus dem Fisch zur zynischen Anklage an Gott in 4,2f. Hier kommt eine schwere Dimension unseres Glaubens und unserer Zwiesprache mit Gott zum Ausdruck. Was, wenn Gott sich nicht nur meiner erbarmt, sondern auch derer, die es nach meiner Auffassung oder sogar meinem Glauben auf keinen Fall verdient haben? Was, wenn in der Gnade, die mir zuteil wird, der Auftrag liegt, auch andere durch das Gericht ihres Lebens bis hin zur Gnade zu begleiten? Stehen wir am Ende wie Jona in seinem Kleingarten vor der verdorrten Staude und sagen: »Ich zürne bis an den Tod« oder lassen wir uns mit hinein nehmen in das Jammern Gottes um alle verlorene Kreatur? Mit dieser Frage endet das Buch Jona und überlässt die Antwort uns. Das Buch Jona legt es darauf an, dass es erst in unserem Zwiegespräch mit Gott eine Antwort findet.

Vier-Ecken-Gespräch

Die Aktion für den Gottesdienst wird in der Gruppenstunde vorbereitet und durchgeführt

Alle Gottesdienstteilnehmer bekommen ein kleinen gehefteten Block mit Titelseite plus vier bunten Seiten Inhalt und einen Stift. Auf dem Titel des Blockes steht »Auf der Reise mit Jona. Ein persönliches Gebetstagebuch.« Die Seiten im Innern sind unbeschrieben, aber hintereinander in folgenden vier Farben angeordnet: gelb, blau, rot, grün.

Ein Moderator (M) erklärt die Aktion, etwa so: *Wir werden eine kleine sehr persönliche Reise durch die Jonageschichte machen. Sie brauchen dazu nur ihr Gebetstagebuch und ihren Stift. An verschiedenen Stationen werden wir innehalten und sie können in sich nachhören, wo sie sich am besten wieder finden und dann an diesen Ort setzen.*
Wenn sie möchten, schließen sie die Augen. Ich werde sie auf der Reise mit Du ansprechen. Unsere Reise beginnt (langsam gelesen, damit Bilder entstehen können):

Geschichte
Jona hat es sich gemütlich gemacht. Plötzlich wird er wach gerüttelt. Mitten in sein einfaches Leben hinein bricht die Stimme Gottes. Gott ruft ihn in die Welt.
Du sitzt in einer warmen Kirche. Du bist gut geschützt vor den Einflüssen der Welt. Doch die ganze Zeit bedrängt dich eine Stimme. Gott spricht zu mir, hier und heute, kann das sein? Da hörst du sie wieder, diese Stimme:
Mache dich auf und geh zu denen hin, die soviel Unrecht tun – du weißt bestimmt, von wem ich rede – und predige wider sie, denn ihre Bosheit ist vor mich gekommen. (2x)
Was sollst du jetzt tun? Was sollst du dazu sagen? Du hörst verschiedene Stimme in dir. Verschiedene Möglichkeiten, Gott zu antworten, wie aus verschiedenen Himmelsrichtungen kommen sie an dich heran.

An den vier Ecken des Gottesdienstraumes stehen vier Personen und sprechen sehr laut jeweils einen der folgenden Sätze:
- Ich habe nichts gehört.
- Gott spricht, das ist mir zu hart. Ich fliehe.
- Ich verstehe nicht, was du von mir willst.
- Interessantes Thema, müsste ich mal mit jemand anderes drüber sprechen.

M: Versuch einmal genau zu hören, welcher Stimme du dich näher fühlst und welche dir fremd ist. Die vier Sätze werden langsam wiederholt. Bitte öffne die Augen, steh auf und setze dich in die Nähe der Stimme, die dir am nächsten ist. *Alle setzen sich um, ein Gebetsstimmungsbild entsteht. Gut ist es, wenn die Sprecher der vier Stimmen Schilder mit ihren Sätzen umgehängt haben.*

M: Schreibe nun auf den gelben Zettel in deinem Gebetstagebuch, was du Gott sagen möchtest. *Abwarten, bis fast alle fertig sind.* Bitte schließe wieder die Augen.

Jona ist auf der Flucht vor der Stimme Gottes. Er hört Gott nicht mehr. Aber um ihn stürmt das Meer. Die Seeleute fragen ihn aus. Ein großes Geschrei im Sturm. Er beichtet, dass er vor Gott geflohen ist. Das Meer stürmt immer stärker. Die Seeleute werfen ihn schließlich ins Meer. Das Meer beruhigt sich. Jona wird von einem vorbeiziehenden Fisch verschluckt. Jona kommt sich vor, als hätte ihn Gott verschluckt.
Wir rennen vor vielen Dingen weg. Ein Leben lang. Plötzlich werden wir zu Geständnissen gezwungen, weil um uns herum alles stürmt. Alles bricht auf uns herein und über uns zusammen. Du rennst vor vielen Dingen weg. Und dann holen sie dich ein. Aber Gott kommt zum Schutz. Er nimmt dich bei sich auf, damit das Ende nicht zu früh kommt. Um uns herum tobt das Meer, aber Gott hat uns bei sich aufgenommen. *Stille. Schweigen. Rückblick. Angekommen.* Was kann ich diesem Gott schon sagen? Ich bin vor mir selbst und ihm geflohen. Ist das die Rettung? Oder eine Atempause? Oder das schlimmste, was passieren konnte? Gott da zu treffen, wo ich bloßgestellt wurde. Um dich herum tobt das Meer, aber Gott hat dich bei sich aufgenommen. Du hörst verschiedene Stimmen in dir. Verschiedene Möglichkeiten, Gott zu antworten, wie aus verschiedenen Himmelsrichtungen kommen sie an dich heran.

Aus den vier Ecken kommt:
- Wer bist du eigentlich, Gott?
- Danke Gott, dass du da bist.
- Wo bin ich hier gelandet?
- Jetzt bist du mir zu nah gekommen, Gott.

M: Versuch einmal genau zu hören, welcher Stimme du dich näher fühlst und welche dir fremd ist. *Die vier Sätze werden langsam wiederholt.* Bitte öffne die Augen, steh auf und setze dich in die Nähe der Stimme (des Schildes), die dir am nächsten ist. *Alle setzen sich um, ein Gebetsstimmungsbild entsteht.*

M: Schreib nun auf den blauen Zettel in deinem Gebetstagebuch, was du Gott sagen möchtest. *Abwarten, bis fast alle fertig sind.* Bitte schließ wieder die Augen.

Jona geht nach Ninive. Die Stadt ist unglaublich groß. Seine Stimme unglaublich klein. Seine Botschaft unglaublich gefährlich. Jona ruft in jedes Haus: In vierzig Tage geht hier alles unter. Erschrecken. Die ganze Stadt in Sack und Asche. Selbst die Tiere tun Buße. Nach 40 Tagen passiert nichts. Gott hat gewonnen, die Menschen jubeln. Und Jona?
Du hast es gewagt. Du hast deine Meinung gesagt. Du hast anderen ins Leben zurückgeholfen. Du hast andere dazu bewegt, ihr Leben zu ändern. Andere haben auf-

geatmet, weil du ihnen geholfen hast. Und jetzt stehst du alleine da und bleibst leer zurück. Keiner ist für dich da. Du warst für viele da. Und keiner sagt Danke. Und keine Warnung erfüllt sich, die anderen blühen auf und du stehst verdorrt am Rand und schaust zu. Hoffentlich sieht mich keiner. Mich Starken so schwach. Was kann man Gott da noch sagen:

Du hörst verschiedene Stimmen in dir. Verschiedene Möglichkeiten, Gott zu antworten, wie aus verschiedenen Himmelsrichtungen kommen sie an dich heran.

Aus den vier Ecken kommt:
- Ich habe versagt.
- Aber ich habe Recht.
- Gott ist einfach ungerecht.
- Das Leben ist, wie es ist.

M: Versuch einmal genau zu hören, welcher Stimme du dich näher fühlst und welche dir fremd ist. *Die vier Sätze werden langsam wiederholt.* Bitte öffne die Augen, steh auf und setze dich in die Nähe der Stimme (des Schildes), die dir am nächsten ist. *Alle setzen sich um, ein Gebetsstimmungsbild entsteht.*

M: Schreib nun auf den roten Zettel in deinem Gebetstagebuch, was du Gott sagen möchtest. *Abwarten, bis fast alle fertig sind.* Bitte schließ wieder die Augen.

Gott pflanzt dem lebensmüden Jona einen kleinen Garten. Eine wunderschöne Staude wächst über Nacht. Jona findet ein Plätzchen in ihrem Schatten, um sich abzukühlen. Doch schon am nächsten Morgen ist die Staude verdorrt. Ein Zeichen für Jona. Wie groß ist sein Jammer und Geschrei um solche Eintagsfliegen, die kommen und gehen. Sollte es Gott nicht viel mehr jammern um all die gottlosen Menschen, in die er doch alle seine Liebe und Mühe gesteckt hat. Die, die er erwählt hat, auf dieser Erde zu leben. Und mit ihnen die Tiere.
Eine gute Frage. Wenn dir etwas genommen wird, an das du dein Herz gehängt hast, wie groß ist dann dein Schmerz? Kannst du sehen, dass Gott sein Herz an uns alle gehängt hat? Dass Gott deine Feinde liebt? Nicht, weil es deine Feinde sind, aber obwohl es deine Feinde sind. Hörst du, wie er weint um die, die du schon aufgegeben hast?
Du kommst von deiner Reise wieder nach Hause. Die Frage Gottes ist eine offene an dich jeden Tag. Siehst du meinen Kummer um dich und um die Menschen, die du schon aufgegeben hast? Lass dich anstecken von meiner Liebe. Hörst du?

Wenn du gleich aufstehst, kannst du an deinen Heimatplatz zurückkehren und dort auf den grünen Zettel schreiben, wie du Gott antworten möchtest.

Abwarten, bis fast alle sich umgesetzt haben und fertig sind mit Schreiben.
Danke, dass Sie sich mit auf diese Reise begeben haben. Die Gebete in ihrem Buch sind bei Gott so gut aufgehoben, wie Jonas Gebete im Bauch des Fisches. Sie gelten nur Gott und Ihnen.
Ich möchte uns zum Abschluss unserer Reise Jonas Gebet im Bauch des Fisches vorlesen.

Gebet wird vorgelesen (Jon 2,3-10)

Vorbereitung des gestalterischen Elementes für den Gottesdienst: Gebetstagebücher

In der vorbereitenden Gruppenstunde kann das Buch Jona als Gespräch zwischen Jona und Gott gelesen und über die Fragen von Gerechtigkeit und Gnade gesprochen werden. Dann sollte der Gruppenleiter bzw. die Gruppenleiterin eine Einführung in die Aktion geben. Eventuell möchte die Gruppe einige Sätze verändern, bzw. anders sagen. Schon in der Gruppe sollten sich die darstellenden Personen fragen, welche Sätze am besten zu ihnen passen und wer die Aktion moderieren kann. Dann müssen große Schilder angefertigt werden, auf die die Sätze gut lesbar aufgeschrieben werden. Die Gebetstagebücher werden einfach aus geviertelten DIN A4 – Blättern in den entsprechenden Farben zusammengeheftet. Das Titelblatt ist am besten schon geschrieben und kopiert. Wenn nachträglich hier noch ein Schriftzug ausgemalt wird, drückt dies sehr viel Wertschätzung für die Gottesdienstbesucher aus. Eine dünne Pappe als letzte Seite gibt dem ganzen bessere Nutzbarkeit und Haltbarkeit. Auch die Stifte sollten alle getestet werden, weil nicht funktionierende Stifte den Ablauf im Gottesdienst sehr stören würden.
Sicherlich muss auch eine Stell- und Leseprobe im Gottesdienst gemacht werden.

DAS THEMA FÜR SENIOREN

Jona: ein Mann auf der Flucht

In dieser Phase des Lebens kommt es sicherlich häufig zu »Lebensrückblicken«: Situationen kommen einem in den Sinn, in denen Entscheidungen zu treffen waren, die Einfluss auf die weitere Lebensführung und –gestaltung hatten. Mit dem nun nötigen Abstand kommt es nicht selten zu Bewertungen dieser entscheidenden Lebenssituationen, sicherlich auch immer wieder zu Fragestellungen: Wie wäre das Leben verlaufen, wenn ich mich in dieser oder jener Situation anders entschieden hätte? Nicht immer sind solche Fragestellungen zu beantworten, aber die Fragten kommen auf.
Einige werden in solchen prägnanten Situationen auch mit der Herausforderung konfrontiert worden sein, Verantwortung zu übernehmen. Manchmal wurde diese Herausforderung angenommen, andere Male hat man die Übernahme dieser Verantwortung abgelehnt. So manch einer ist auch vor der Verantwortung weggelaufen, geflüchtet. Das hat man sich nicht zugetraut. Diesen Stress wollte man nicht auf sich nehmen. Auch wenn man sehr konkret in eine Aufgabe hineinberufen wurde, sei es durch Gott, sei es durch Menschen. Es wird Menschen im Seniorenalter geben, die darunter leiden, sich zu gewissen Zeiten nicht anders entschieden zu haben. Die darüber immer wieder ins Grübeln kommen. Und dabei eventuell Momente ihrer jetzigen Lebensphase nicht registrieren, die ihnen eine ähnliche Entscheidungsmöglichkeit bietet. In der man es diesmal anders – unter Umständen sogar besser – machen kann.

In der Gruppenstunde zum Thema »JONA« sollte vermittelt werden, dass Menschen immer wieder in besondere Entscheidungssituationen oder auch »Weichenstellungssituationen« kommen können. Unabhängig von Alter und Lebensphase. Gott schaut nach vorne mit uns – Gewesenes rechnet er nicht auf und blockiert nicht deshalb weitere Entwicklungen. Es bringt nichts ständig zu überlegen, »was wäre wenn ...« – außer ein latent schlechtes Gewissen und ständigen Zeitstress. Jede Zeit ist Gottes Zeit. Und alles hat seine Zeit. Wenn Gott Aufträge zu vergeben hat, macht er das nicht an der Lebensphase Teenager und Jugendlicher oder Senior fest. Letztlich drückt Gott damit seine Wertschätzung uns und anderen gegenüber aus.

Einstieg: Vergleich: Jona und Psalm 139

Das komplette Jona-Buch wird gemeinsam gelesen. Bei vier recht kurzen Kapiteln ist man zügig durch. Im Anschluss daran wird Psalm 139 gelesen.
Fragestellung: Gibt es Parallelen zwischen dem Jona-Buch und dem Psalm 139?

Vertiefung: Lebensschlenker I

- Wie viele Lebensschlenker hat der einzelne Gruppenbesucher bisher hinter sich?
- Wer hat sein Leben lang im selben Beruf gearbeitet?
- Wer sogar sein Leben lang in der selben Firma gearbeitet?
- Wer hat schon öfter in völlig unterschiedlichen Berufen gearbeitet?
- Wo gab es positive, wo negative Erfahrungen? Wie sahen diese konkret aus? Welche Auswirkungen hatten sie?

Vertiefung: Lebensschlenker II

Teilnehmer von entscheidenden Situationen ihres Lebens berichten lassen. In diesen Momenten getroffene Entscheidungen schildern lassen und ihre Auswirkungen (nur Freiwillige).
- Gibt es Dinge, die man nach heutigen Kriterien anders entschieden hätte?
- Gibt es Situationen und/oder Entscheidungen, über die sich heute geärgert wird?
- Gab es Situationen, vor denen man weggelaufen ist? – Schon mal das Gefühl gehabt, Gottes Reden bewusst ignoriert zu haben?
- Gab es Situationen, wo andere Menschen unter Ihren/Deinen Lebensschlenkern zu leiden hatten?

Lesen: Jona 1, 3 – 6

Kann es wirklich sein, dass einer meiner Lebensschlenker oder sogar Ungehorsam jede Menge Ärger für Leute mit sich gebracht hat, die gar nichts Falsches getan haben? Die Ehrlichkeit zwingt mich (den Autor dieser Zeilen), zuzugeben, dass ich selbst schon die Erfahrung gemacht habe, dass es so ist. Ich bin zwar in letzter Zeit nicht an die Landungsbrücken im Hamburger Hafen gefahren um mich nach England einschiffen zu lassen, aber ich habe mich ganz bewusst davor gedrückt, Probleme in Angriff zu nehmen, Beziehungen zu heilen oder Aufgaben zu erfüllen, die hohe Priorität in meinem Leben haben sollten. Die unschuldigen Mitreisenden bzw. Mitmenschen, die unter den Folgen zu leiden haben, sind meist die Mitglieder meiner Familie. Schuldgefühle machen mich griesgrämig. Versagen bringt mich zum Herumjammern. Ich werde zu einer kleinen Wolke, die meinen kleinen Teil der Welt mit schlechtem Wetter überzieht.

Wie sieht es bei dem Leser dieser Zeilen aus? Wie sieht es bei den Teilnehmern an diesem Treffen aus?

- Würde man heute immer noch manchmal weglaufen?
- Kann Gott tatsächlich »auf krummen Linien gerade schreiben«, wie es immer wieder einmal behauptet wird?

Input / Andacht

Mir gefallen in diesem Zusammenhang die Gedanken des britischen Autors und Redners Adrian Plass zu Jona 3, 1-2: »Zum zweiten Mal sprach der Herr zu Jona: »Geh in die große und mächtige Stadt Ninive, und verkünde den Menschen dort die Botschaft, die ich dir auftrage!«

Veröffentlicht sind sie in seinem Andachtsbuch »Stürmische Zeiten – Neue Kraft für den Tag«. Dort schreibt er:

»Armer alter Jona! Wäre er nach Ninive gegangen, als es ihm zum ersten Mal aufgetragen wurde, so wäre er nicht in diesen Schlamassel geraten, nur um von Gott abermals die gleiche Anweisung zu bekommen wie zuvor. Die persönlichen Rebellion des Propheten wurde im Keim erstickt, bevor sie richtig in Gang kommen konnte. Zweifellos war er erleichtert und dankbar, von einem feuchten Tod errettet worden zu sein, doch als er mit glucksenden Schuhen in Richtung jener feindlichen Festung davon stapfte, müssen all die alten Bedenken wieder über ihn gefallen sein wie ein Schatten.
Aber wie dankbar sollten wir dafür sein, dass Gott diese ‚Schlenker' in unserem Leben überhaupt zuläst und sogar einplant. Haben sie schon einmal einen Schlenker gemacht? Ich ja. Bei mindestens einer Gelegenheit in meinem Leben habe ich eine Richtung eingeschlagen, die dem Willen Gottes entgegengesetzt war. Eines Tages werde ich ein Buch mit dem Titel Leben in Schlenkern schreiben. Diese kleinen Irrwege und Abweichungen sind fast immer interessant (fragen Sie Jona!), aber mit der Zeit werden sie immer hohler, unbefriedigender oder schlicht und einfach gefährlich – sogar gefährlicher als die Dinge, vor denen sich die Welt am meisten fürchtet. Ich weiß nicht ob Jona wirklich glaubte, er könne Gott entkommen, indem er seine geographische Position veränderte, aber hätte er sich wirklich von dem Schöpfer getrennt, wäre ein schlimmeres und auf grauenhafte Weise dauerhafteres Schicksal die Folge gewesen.
Ja, die gute Nachricht ist, dass Gott unsere Fehler und Irrwege wieder ins Lot bringt. Wäre er nicht bereit, sich mit den unvermeidlichen Tiefpunkten in unserem Verhalten und unseren Reaktionen auseinander zu setzen, so hätte er sich gar nicht erst unserer angenommen. (Die meisten Propheten – der Jona nun einmal war – waren launenhafte, ungeschickte, leidenschaftliche Leute, die in den meisten unserer modernen Ge-

meinden keine zwei Minuten überdauern würden.)
Die schlechte Nachricht ist, dass der Auftrag, den wir ausführen sollen, sich nicht verändert. Soweit es Gott betrifft, bedeutet das Ende des Schlenkers, dass es weitergeht wie gehabt. Ab nach Ninive!«
(Zitiert aus: Plass, Adrian; Stürmische Zeiten – Kraft für jeden Tag; Brendow Verlag, Moers, 1998)

Manchmal könnte man den Eindruck gewinnen, im Leben geht es zu wie in einem Fußballspiel. Wenn irgendetwas nicht klappt wird schnell die Frage gestellt, an wem es liegt. An den Spielern? An einem bestimmten Spieler? Am Trainer oder Teamchef? Fakt ist: Der Trainer hat Übersicht und bestimmt die Taktik. Der Spieler sieht immer nur sein Stück Rasen. Die Spieler als Team, als Mannschaft nur das Spielfeld. Wenn es nicht läuft, muss der Trainer frische Leute bringen. Einen Stürmer oder einen Spielmacher. Er muss jemanden bringen, um das Ziel – den Sieg – zu erreichen. Ähnlich ist es bei Gott, der immer wieder jemanden bringen muss, um sein Ziel mit den Menschen – seinen Geschöpfen – zu erreichen. Der immer wieder Menschen dazu bringen möchte, sein Angebot weiterzugeben. Ihnen zu sagen, dass »Gott gnädig und barmherzig ist, langmütig und von großer Güte – und das ihn sogar das Übel gereut«. (Jona 4,2).

Abschluss: Gemeinsame Lesung

Psalm 139

Vorbereitung des gestalterischen Elementes für den Gottesdienst: Textbeitrag

Die Teilnehmer werden in Gruppen zu zwei bis drei Personen aufgeteilt. Jeder dieser Gruppen werden einige Verse des Psalm 139 mit der Bitte zugeteilt, den Inhalt dieser Verse – durchaus in Verbindung mit Passagen aus dem Jona-Buch – neu zu formulieren. Die Verse werden im Gottesdienst vorgetragen.

GEMEINSAMER GOTTESDIENST

Jona

Eröffnungslied: In Gottes Haus sind offene Türen
Text & Musik: Hella Heizmann © 1993
Auf CD/MC »HELLA FÜR MINIS«
Verlag Schulte & Gerth, Asslar, 1993

Begrüßungsmoderation mit Bezug zum Eingangslied und Lesung des dem Gottesdienstmotto zugrunde liegenden Bibeltextes und evtl. Eingangsgebet.

(Interaktive) Aktion der Gruppe ERWACHSENE (MANN/ FRAU)
Gespräch aus vier Ecken

Gemeinsames Lied

Anspiel der Gruppe KINDER
»Adam Ameise«

Lobpreiszeit / Gebetszeit

Text »Weggelaufen« der GRUPPE TEEN/JUGEND
»Gedanken im Wal«

Predigt / Ansprache

Gemeinsames Lied

Beitrag der Gruppe SENIOREN
Gebet / Lied / Liturgische Texte

Segen

JEDE ZEIT IST GOTTES ZEIT

Biblischer Text: Prediger 3,1-4

EINLEITENDE TEXTBETRACHTUNG PREDIGER 3,1-4

Zeitgeschichtlicher Hintergrund

Das Buch Prediger (Kohelet) lässt sich nicht leicht datieren. Der Zeitraum in dem das Buch entstand ist nur annäherungsweise bestimmbar. Es muss spätestens bei der Anfertigung der Qumranschriften vorhanden gewesen sein, also zwischen 175 und 150 v. Chr. Allerdings wird in der entsprechenden neueren Forschung Kohelet in der zweiten Hälfte des 3. Jahrhunderts datiert (vgl. Thomas Krüger, Kohelet (Prediger), Neukirchen-Vluyn: Neukirchener Verlag, 2000, S.39). Damit ist das Buch Prediger unter ptolemäischer Herrschaft entstanden und ist unter die »allerjüngsten alttestamentlichen Schriften« (Aarre Lauha, Kohelet, Neukirchen-Vluyn: Neukirchener Verlag, 1978, S.7) zu rechnen. Diese Epoche war gekennzeichnet von wirtschaftlicher Prosperität und politischer Teilautonomie. Die ptolemäischen Herrscher verzichteten auf die Einsetzung eines von ihren Gnaden eingesetzten Statthalters. Vielmehr fungierte der jeweilige Hohepriester als politischer Kompetenzträger. Das führte dazu, dass das Vätergesetz (vor allem die Tora) in Juda auf politischem, wie auch religiösem Gebiet gültige Norm für jegliche Entscheidungen war. Der wirtschaftliche Aufschwung war bedingt durch die ptolemäische »Züchtung neuer Pflanzen, Förderung des Terrassenbaus und künstliche Bewässerung.« (Krüger, Kohelet, S.41) Allerdings profitierten die einfacheren Schichten der Gesellschaft kaum von dem Aufschwung.

Inhaltlicher Schwerpunkt

Kohelet beschreibt eine »Sinnkrise« (Elsa Tamez, »Da hasste ich das Leben« Eine Lektüre des Buches Kohelet, Luzern: Edition Exodus, 2001, S.13) der im antiken Vorderen Orient weithin verbreiteten Weisheit. Ausgelöst wird diese Krise durch die Erkenntnis der religiösen Grundlagen. Eine bedeutende Grundlage weisheitlichen Denken ist der sog. Tun-Ergehens-Zusammenhang, der auf der Erkenntnis fußt, dass »gutes Handeln zu einem guten Ende, böses Handeln aber zu einem bösen Ende führt.« (Holger Delkurt, Ethische Einsichten in der alttestamentlichen Spruchweisheit, Neukirchen-Vluyn: Neukirchener Verlag, 1993, S.150) Der sog. Tun-Ergehens-Zusammenhang kann nicht mehr ausschließlich alle Erfahrungen hinreichend erklären. Mehr noch, die lange gültigen Grundsätze der Weisheit sind »der Wirklichkeit nicht gewachsen«(Antonius H. J. Gunneweg, Biblische Theologie des Alten Testaments: Eine Religionsgeschichte Israels in biblisch-theologischer Sicht, Stuttgart: Verlag W. Kohlhammer, 1993, S.239). Diese Erkenntnis mündet stringent in häufig wiederholte Parameter der Konfrontation mit der ungeschönten Realität menschlichen Lebens. Es entsteht die Erkenntnis, dass alles vergänglich ist (Kohelet 1,2.12; 6,2 u.v.a.). Die Erkenntnis von der Nichtigkeit der Güter und Ziele des Lebens bildet den Rahmen des Buches. Damit wird der Text eröffnet (Kohelet 1,2) und damit wird das Buch abgeschlossen (Kohelet 12,8). Der nach Kohelet 12,8 folgende Schlussteil stellt ein sekundär hinzugefügtes Nachwort dar, das kaum vom Autor des Kohelet stammt.

Bedeutung von Prediger 3,1-4

Der hier behandelte Text ist Teil des Abschnittes Prediger 3,1-15. V.1 enthält die einleitende These. Was folgt ist eine beispielhafte Explikation dieser Ausgangsthese. Die Verse 2-8 illustrieren in vierzehn antithetischen Wortpaaren die Determiniertheit der menschlichen Erfahrung von Zeit dar, während in den Versen 9-15 Konsequenzen aus diesem Bewusstsein von der zeitlichen Grenze gezogen werden.

Vers 1

Die zentrale Vokabel von V. 1 ist Zeit. (hebr. et). Der Zeitbegriff ist auch im gesamten Buch Prediger von entscheidender Bedeutung. Dies zeigt sich schon in der statistischen Beobachtung, dass von den 296 Stellen, wo Zeit im gesamten AT auftaucht, allein 40 Stellen im recht kurzen Buch Kohelet sind (vgl. Ernst Jenni und Claus Westermann (Hg.), Theologischen Handwörterbuch zum Alten Testament, Band II, München: Chr. Kaiser Verlag, 1976, S.371). Durch die Erfahrung von Zeit ist allem menschlichem Handeln eine unüberwindbare Grenze gesetzt. Wolff formuliert treffend: Dem Menschen »gelingt nicht alles zu jeder Zeit in gleicher Weise, weil dem Erfolg und dem Misserfolg verschiedene Zeiten als verschieden günstige Gelegenheiten zugeordnet sind; ...« (Hans Walter Wolff, Anthropologie des Alten Testaments, München: Chr. Kaiser Verlag, 3.Aufl., 1977, S.137).

Die Determiniertheit von menschlicher Zeiterfahrung kann zu dem Missverständnis führen, dass der Mensch sich in seiner Welt einrichtet und sich seine Umwelt und auch Gott in seine Welt einbaut. Doch das Buch Kohelet macht deutlich, dass der Mensch in Bezug zur Zeit »dem Unverfügbaren« (Walther Zimmerli, Die Weltlichkeit des Alten Testaments, Göttingen: Vandenhoeck & Ruprecht, 1971, S.54) begegnet.

Gott selbst hat diese Unverfügbarkeit der Zeit festgesetzt (Verse 10-11).

Vers 2a: geboren werden und sterben
Dieses erste antithetische Wortpaar macht die Unverfügbarkeit der menschlichen Erfahrung von Zeit besonders deutlich. Vom Sonderfall des Suizid abgesehen ist sowohl der Tod, wie auch die Geburt dem Zugriff des betroffenen Menschen entzogen. Dabei ist zu bedenken, dass für den antiken Menschen sowohl die Geburt, wie auch der Tod in viel radikalerem Maße menschlichem Zugriff entzogen war. Für die Frau fielen die Zeit des Gebärens häufig mit der Zeit des Sterbens zusammen. Als Beispiel sei hier nur der Tod der Stammmutter Rahel aufgeführt (Genesis 35,16-19). Doch war dies ein unerwünschter Sonderfall. Der Idealfall war in alttestamentlicher Zeit, dass ein Mensch alt und lebenssatt starb (Genesis 25,8; 35,29; 1 Chronik 23,1; 2 Chronik 24,15; Hiob 42,17 u.a.).

Vers 2b: pflanzen und ausreißen
Diese beiden Vokabeln bilden zwar ein antithetisches Wortpaar hängen aber zusammen, denn durch ausreißen wird die Wirkung der Pflanztätigkeit wieder zunichte gemacht.

Vers 3a: töten und heilen
Die Zusammenstellung dieses Wortpaares ist erstaunlich, denn töten und heilen werden kaum in einem semantischen Zusammenhang verstanden. Für Getötete gibt es keine Zeit zum Heilen mehr. Kohelet hat beide Begriffe vermutlich deshalb zusammengestellt, da töten und heilen von einer entgegengesetzten Intention ausgehen. Das den modernen Leser irritierende an Vers 3a ist die Aussage, dass es eine von Gott festgesetzte Zeit des Tötens gibt. Der Prediger reflektiert hier vermutlich die im Pentateuch verankerten Vorschriften zu Todesstrafe und Blutrache (Exodus 21).

Vers 3b: abbrechen und bauen
Dieses Wortpaar beschreibt eine offene Formulierung, die bewusst mehrere Deutungen zulässt. Die Deutungen hängen vom entsprechenden Kontext ab, je nach dem, ob abbrechen unter Feindeinwirkung erfolgt oder vom Eigentümer und Besitzer des einzureißenden Hauses, das wieder aufgebaut werden soll.

Vers 4a: weinen und lachen
Dieses Wortpaar ergibt sich als Konsequenz der erfahrenen Wirklichkeit des betroffenen Menschen.

Vers 4b: klagen und tanzen
Die beiden Wortpaare sind nahezu synonym. Bei tanzen denkt der Autor vermutlich an Freudensprünge.

Zusammenfassend lässt sich festhalten, dass der hier behandelte Text sich kritisch mit dem weisheitlichen Grundsatz des Tun-Ergehens-Zusammenhangs auseinandersetzt. Die zeitliche Begrenztheit des menschlichen Lebens gibt dem zur Verfügung gestellten Zeitraum ein höheres Maß an Dringlichkeit. Nur dieser Zeitraum steht menschlicher Gestaltung offen. Die Grenzen des jeweiligen Zeitraumes ist für den Menschen unverfügbar, weil göttlich determiniert (V. 10).

DAS THEMA FÜR KINDER

Jede Zeit ist Gottes Zeit

Begrüßung

Lied und Gebet

Einstieg

Heute
Die Kinder erleben ihren Tag in der Erinnerung noch einmal durch. Dazu bereiten sie ein kleines Anspiel vor. Einige Szenen aus dem eigenen Tag sollen gespielt werden. Die Kinder finden sich in vier Gruppen zu jeweils zusammen. Eine Gruppe spielt eine Szene beim Aufstehen, eine Gruppe spielt eine Szene aus der Schule, eine Gruppe spielt eine Szene vom Mittag und eine Gruppe eine Szene vom Nachmittag. Haben die Gruppen (unter Anleitung) ein kleines Stück erarbeitet, treffen sich die Gruppen und spielen einen Tag durch.

Vertiefung 1

Gespräch mit den Kindern
Ich spreche mit den Kindern über den Tag und gehe auf die Suche nach erfreulichen und traurigen Ereignissen. Wenn Ereignisse aufgespürt worden sind, spanne ich den Bogen weiter: Ich frage nach der vergangenen Woche und dann nach der Erinnerung der Kinder. Erfreuliche und traurige Ereignisse werden berichtet. Ich stelle fest: Für jedes Ereignis, ob traurig oder fröhlich, ist im Leben der Kinder Platz.

Vertiefung und Abschluss

Lachen und Weinen gehört zusammen
Anzahl der Kinder: möglichst viele, jeder kann mitmachen!
Etwa die Hälfte der Kinder bilden einen Kreis. Sie stellen Tränen dar. Immer abwechselnd eine »Freude-Träne« und eine »Traurig-Träne« Dies kann man durch unterschiedliche Kleidung (dunkle/hell) darstellen, bei viel Zeit auch mit Schminke. Die jeweilige Gruppe stellt sich vor: Wir sind die »Freude-Tränen (hüpfen fröhlich auf der Stelle); wir sind die »Traurig-Tränen« (verschränken die Arme auf der Brust und neigen den Kopf). Die »Freude-Tränen erklären ihre Aufgabe: Wir kommen vor, wenn sich jemand ganz arg freut oder einfach so glücklich ist, dass er weinen muss. Die Traurig-Tränen erklären ihre Aufgabe: Wir kommen vor, wenn jemand Kummer hat, traurig ist und nicht mehr weiter weiß.
Mit den Kindern, die außerhalb des Kreises stehen, wird überlegt, über was sie sich sehr freuen oder was ihnen Kummer macht. Sie dürfen es sagen und dabei in den Kreis treten. Bei einer Freude hüpfen die Freudentränen wie wild um das Kind, bei einer traurigen Angelegenheit treten die Traurigtränen an das Kind heran und berühren es tröstend.
Zum Schluss nehmen die Tränen die Kinder in den Kreis auf. Alle sind miteinander verbunden: In der glücklichen Zeit, in der traurigen Zeit. Keiner braucht sich wegen Tränen zu schämen. Lachen und Weinen geben sich die Hände. »Traurig-Tränen«, »Freude-Tränen« umgeben uns und gehören in unser Leben. Lachen und Weinen gehört zusammen.

Diese Aktion wird im Gottesdienst mit den Besuchern des Gottesdienstes versucht. Die Gottesdienstbesucher können kurze Ereignisse aus der vergangenen Woche erzählen und werden dazu von den Kindern »begleitet«.

Gebet
Alles, guter Gott, hat bei dir seinen Platz.
Wenn ich fröhlich bin, kann ich zu dir kommen.
Wenn ich traurig bin, kann ich zu dir kommen.

Heute morgen habe ich Ärger mit meiner Mutter gehabt.
Ich wollte die Hose nicht anziehen, die sie mir rausgelegt hatte.
Zuerst habe ich gemotzt,
dann hat sie geschimpft.
Zum Schluss haben wir Türen geschlagen und uns hinterher vertragen.

Alles, guter Gott, hat bei dir seinen Platz.
Wenn ich fröhlich bin, kann ich zu dir kommen.
Wenn ich traurig bin, kann ich zu dir kommen.

Heute Mittag habe ich mich über meinen Vater gefreut.
Plötzlich war er zum Mittagessen da, obwohl er eigentlich arbeiten musste.
Wir haben Witze gemacht,
und Eis zum Nachtisch bekommen.
Zum Schluss haben wir auf dem Sofa zusammen Mittagspause gemacht.

Alles, guter Gott, hat bei dir seinen Platz.
Wenn ich fröhlich bin, kann ich zu dir kommen.
Wenn ich traurig bin, kann ich zu dir kommen.

Letzten Monat ist mein Meerschwein Muffel gestorben.
Es war zuerst krank und dann war es tot.
Wir haben es im Garten begraben.
Eine Woche später hat meine Patentante ihr erstes Kind bekommen.
Es ist ein Mädchen und heißt Marie.
Wir haben um das Bett gestanden und Kuchen gegessen.

Alles, guter Gott, hat bei dir seinen Platz.
Wenn ich fröhlich bin, kann ich zu dir kommen.
Wenn ich traurig bin, kann ich zu dir kommen.

DAS THEMA FÜR JUGENDLICHE

Jede Zeit ist Gottes Zeit

In diesem Alter / dieser Lebensphase »lebt man ewig«. Der Faktor Zeit spielt noch nicht die entscheidende Rolle. Auch nicht die Frage, ob die Zeit richtig gefüllt ist. »Chillen« ist angesagt, wenn gerade nichts anliegt (eine Generation davor nannte man diese »Aktivität« noch »Abhängen«). Manchmal auch wenn etwas anliegt. Die »gefühlte Zeit« vergeht langsam, Zeitstress baut sich selten auf. Höchstens vor Klassenarbeiten oder Prüfungssituationen – da fehlt dann manchmal die Zeit. Aber in dieser Lebensphase beendet man in der Regel seine Schulzeit und trifft eine Entscheidung für eine Berufsausbildung oder ein Studium. D.h., dass auch Zeiten zu Ende gehen. Neue Zeiten beginnen. Die Kindheitsphase hat man zwar schon hinter sich gelassen, aber da war der Übergang zum Teenageralter eher fließend. Das haben eher die Eltern und andere Erwachsene bemerkt. In der jetzigen Phase gibt es eine deutlichere Zäsur.

Den Teens und Jugendlichen sollte vermittelt werden, dass ...

- *sie besonders diese Zeit, ihre Zeit, als von Gott geschenkte Zeit genießen dürfen. In kaum einer anderen Zeit/Lebensphase kann man sich mehr ausprobieren und experimentieren als in dieser;*
- *Entscheidungen, die sie in »dieser Zeit« treffen, ihren weiteren Lebensverlauf beeinflussen können und werden;*
- *es sich lohnt, auch Zeit mit Gott zu verbringen – weil er möchte, dass ihr Leben gelingt.*

Einstieg

Text des Songs »VERSCHWENDE DEINE ZEIT« von der Gruppe SILBERMOND (CD »Verschwende deine Zeit« / Silbermond oder http://www.lyrix.at)

Wenn der Song in der Gruppe bekannt ist, kann man die Kids dazu auch tanzen lassen.

Frage an die Teilnehmer:

- Hat die Gruppe SILBERMOND recht mit dem Text dieses Liedes?

- Trifft das Lied eure Situation?
- Hat dich das Lied schon einmal dazu animiert, Zeit zu verschwenden?
- Verschwenden bedeutet ja eigentlich, dass man etwas – ein Objekt oder seine Begabungen und Fähigkeiten – nicht richtig einsetzt bzw. für etwas einsetzt, was diesen Einsatz eigentlich nicht wert ist. Kann man Zeit unter diesem Gesichtspunkt eigentlich wirklich verschwenden?

Vertiefung

Den alttestamentlichen Text aus Prediger Salomo 3, 1-15 komplett lesen (wenn möglich, aus der Übersetzung/Übertragung von Hans Bruns, Brunnen-Verlag GmbH Gießen/Basel)

Gespräch

- Die Teilnehmer kurze Statements abgeben lassen, ob auch »Zeitverschwenden seine Zeit hat«.
- Die Teilnehmer berichten lassen, was in Ihrer Lebenssituation momentan noch alles »seine Zeit« haben muss.
- Die Teilnehmer erzählen lassen, ob Gott »seine Zeit« hat in ihrem Leben und evtl. wie diese Zeit konkret aussieht.

Zwischenspiel

Wenn Gott bei vielen Teilnehmern dieser Gruppe »seine Zeit« hat, könnte an dieser Stelle eine Gesangszeit/Worshiptime/Lobpreiszeit eingebaut werden. Dabei das Lied einspielen oder selber singen:

Komm, jetzt ist die Zeit wir beten an
(Original: »Come, Now Is The Time To Worship«
©1998 by Vineyard Songs UK/Eire
Text & Musik: Brian Doerksen
Deutscher Text: Daniel Jacobi u. Guido Baltes
Aus: »IN LOVE WITH JESUS«, 1.Auflage 2000, Gerth Medien, Asslar)

Gebet praktisch werden lassen / kleine Gruppen bilden

- Die Teilnehmer auf einen Zettel schreiben lassen, was ihrer Vorstellung nach in fünf Jahren (je nach Altersdurchschnitt der Gruppe kann auch eine andere Anzahl Jahre benannt werden) alles »seine Zeit« hat und haben sollte in ihrem Leben.
- Diese Dinge in der kleinen Gruppe benennen.
- Zusammen dafür beten, dass Gott sie auf ihrem Weg dorthin begleitet und sie in allen Zeiten Gott an ihrer Seite wissen.

- Auch dafür beten, dass sie bei allem notwendigen »Zeit verschwenden« nicht die notwendigen Weichenstellungen ihres Lebens verpassen, die häufig grundsätzlich in dieser Lebensphase geschehen.
- Die Teens/Jugendlichen segnen in ihrer besonderen Lebensphase.

Vorbereitung des gestalterischen Elementes für den Gottesdienst: Liturgischer Text

Der Beitrag aus dieser Gruppe wird für den Generationengottesdienst gemeinsam erarbeiten.

- In Anlehnung an Prediger Salomo 3, 1-11 (wenn gewollt, auch bis Vers 15) einen aktuellen »Alles hat seine Zeit – Text« entwerfen.
- Hierbei evtl. mit Flipchart oder Overheadfolie u. -projektor arbeiten. In einem Brainstorming alle Ideen sammeln und aufschreiben.
- Ein kleines Redaktionsteam berufen, das die Endformulierung übernimmt.
- Je nachdem wie groß die Gruppe ist, könnten alle am Vortragen des Textes beteiligt werden. Alle »Alles hat seine Zeit – Textpaare« werden dann von jeweils einer Person vorgetragen.

Vorschläge für Gottesdienstbeitrag im Generationengottesdienst

Wenn, wie im Gottesdienstentwurf vorgeschlagen, diese Gruppe mit ihrem Beitrag als erste Gruppe auftritt – möglichst am Beginn des Gottesdienstes –, könnte man sie folgendermaßen einbauen:

- Vortrag des Neuentwurfs zum »Alles hat seine Zeit – Text« (in Anlehnung an Prediger Salomo 3, 1-11(15)
- Anschließend Gesangvortrag von »Komm, jetzt ist die Zeit wir beten an«

JEDE ZEIT IST GOTTES ZEIT

Thematischer Aufriss mit Verknüpfung zum Lebensalter der Gruppe:

In dieser Lebensphase kommt die Berufsfindungs- und Ausbildungsphase (Studium) zu ihrem Abschluss. Der Eintritt in das kontinuierliche Erwerbsleben beginnt, so es denn die wirtschaftliche Lage zulässt, bzw. ist längst vollzogen.
Vielfach wurden Ehen eingegangen und aus Ehepartnern wurden Familien. Kinder bestimmen das Leben mit. Die Anforderungen seitens des Berufes, der Familie, gesellschaftlicher Gruppen und auch der Gemeinde sind latent vorhanden und nicht unbedingt immer einfach zu koordinieren. Der Faktor Zeit wird mittlerweile zu einem kostbaren Gut. Häufig kommt die Frage auf, ob die Zeit, die man gerade in einen Bereich investiert, sinnvoll verbrachte Zeit ist oder ob man nicht in diesem Moment lieber etwas anderes, noch Sinnvolleres tun sollte. Die sogenannten »Abhängphasen« werden weniger bzw. mit zunehmend schlechtem Gewissen verbracht, weil jetzt wieder ein anderer Bereich vernachlässigt wird oder Personen enttäuscht werden, mit denen man diese Zeit auch hätte verbringen können.
In der Gruppenstunde zum Thema »MEINE ZEIT STEHT IN GOTTES HÄNDEN« sollte vermittelt werden, dass Menschen einerseits verantwortlich mit ihrer Zeit umgehen sollten, andererseits das, was gerade erlebt wird, als besondere Zeit wahrgenommen und erfahren werden darf, die Gott geschenkt hat. Es bringt nichts ständig zu überlegen, »Was wäre wenn ...?« – außer ein schlechtes Gewissen und ständigen Zeitstress. Jede Zeit ist Gottes Zeit. Und alles hat seine Zeit.

Einstieg

Drei Minuten Stille
Der Beginn der Gruppenstunde sollte deutlich angezeigt werden. Z. B. dadurch, dass ein Wecker klingelt oder ein Gong geschlagen wird. Anschließend begrüßt der Moderator die Gruppenteilnehmer mit einem kurzen prägnanten Satz :
»Herzlich Willkommen! Schön, dass Ihr / Sie Zeit hab(t)(en) für die Zeit. Wir starten mit Zeit ...«.

Dann sollte für drei Minuten absolute Stille herrschen. Der Moderator sagt nichts mehr. Er könnte zwischenzeitlich so tun, als ob er ansetzen will etwas zu sagen, um dann wieder abzubrechen (auf keinen Fall etwas sagen!). Diese Zeitspanne sollte ausgehalten werden.

Musikalische Brücke
Nach den drei Minuten Stille die Instrumentalversion vom Lied »As Time Goes By« aus dem Filmklassiker »Casablanca« einspielen. Sobald die ersten Takte erklingen, werden die meisten Menschen dieser Generation diesen Song erkennen. Er müsste auf vielen CDs mit Filmsongs oder Songs aus dieser Zeit enthalten sein.
Falls dieser Song absolut nicht aufgetrieben werden kann, den Marius Müller-Westernhagen – Song »KEINE ZEIT« einspielen. Enthalten auf Studio CD und CD »WESTERNHAGEN LIVE«. Ganz durchspielen oder bis zur Textpassage »...ich hab keine Zeit für keine Zeit...« und dann langsam ausblenden lassen.

Vertiefung
Die Teilnehmer kurze Statements abgeben lassen, ob sie die verstrichene Zeit am Anfang als Zeitverschwendung empfunden haben oder was sie überhaupt in diesen drei Minuten empfunden haben.

Vertiefung

Die Teilnehmer berichten lassen, in welchen Situationen sie Zeitstress empfinden und wie sie damit umgehen.

Bibeltext lesen
Den alttestamentlichen Text aus Prediger Salomo 3, 1-15 komplett lesen (wenn möglich, aus der Übersetzung/Übertragung von Hans Bruns, Brunnen-Verlag GmbH Gießen/Basel).

Fragen an die Teilnehmer:
- Hat der Autor des AT-Buches »Prediger Salomo« recht mit seinen Feststellungen?
- Können Sie, unter dem Gesichtspunkt der Aussagen in diesem biblischen Text, aktuelle Situationen gut aushalten? Oder fehlt die Gelassenheit für den aktuellen Zustand und wird eine Veränderung rasch herbeigesehnt?

Prediger Salomo 3, 12-15 noch einmal lesen. Wie kann man mit dieser Aussage umgehen?
Letztlich schreibt hier jemand, der dem lebendigen Gott vertraut, mit ihm als Richter rechnet, zur wahren Gottesfurcht aufrufen möchte und die Überzeugung hat: Unser Leben bekommt nur von Gott her einen Sinn und kann nur mit ihm gemeistert werden. Auch wenn für den Autor als Menschen des Alten Bundes einiges ungelöst bleibt, ist das gesamte Buch Prediger Salomo ein eindringlicher Ruf zu dem lebendigen Gott und dazu, Gottes Ratschläge und Aussagen zum Leben ernst zu nehmen. Auf jeden Fall schreibt hier ein kluger und reicher Mensch, der das Leben in seinen Höhen und Tiefen kennt. Durch die Begegnung mit dem lebendigen Gott hat er die Nichtigkeit eines Lebens ohne Sinn und Ziel erkannt und nur bei Gott die Antworten auf seine Fragen gefunden.
Hinsichtlich unterschiedlicher Zeiten im Leben und der Akzeptanz entsprechender Situationen geht es nicht darum, auf- oder abzuwerten, sondern die jeweilige Zeit so zu nehmen und anzunehmen, wie sie gerade ist. Es geht dabei nicht um Gleichgültigkeit, sondern darum, Unterschiedlichem die gleiche Gültigkeit zukommen zu lassen.

Abschluss

Zum Ende das Lied »GANZ EINFACH« von Gerhard Schöne einspielen (enthalten auf der CD »Lieder.« von Gerhard Schöne, 1993 PILA MUSIC, Dettenhausen, LC8632, CD 27221-2). Wenn sie sich nicht auftreiben lässt, »nur« den Text lesen bzw. lesen lassen. Text lässt sich im Internet per Suchbegriff finden.

Gebet

- Gott danken für das Geschenk der Zeit.
- In kleinen Gruppen oder zu zweit jeweils für eine andere Person beten, dass sie in einen für sie passenden Zeitrhythmus findet. Auch dafür, die Kraft zu finden, aktuelle Situationen zu akzeptieren, ohne in Lethargie zu verfallen. Vorher auch ruhig konkrete Anliegen austauschen.

Vorbereitung des gestalterischen Elementes für den Gottesdienst: Aktion und Mitgebsel

Interaktive Aktion

Teilnehmer der Gruppe bitten, (alte) Uhren (Armbanduhren, Wecker, Eieruhren, Schrankuhren etc.) zum Gottesdienst mitzubringen.
Zusammen einige Notizkarten mit Begriffen/Bereichen aus dem Alltagsleben beschriften, wie z. B. Beruf, Kinder, Eltern, Ehe, Kirche, Sport, Urlaub, Beziehungen, Nachbarschaft etc.

Die Uhren und uhrenähnlichen Gegenstände sowie die Begriffskarten werden auf einem Tisch an der Bühne des Gottesdienstraumes verteilt. Dann werden die Gottesdienstbesucher, die sich trauen, gebeten nach vorne zu kommen und sich eine Uhr und eine Begriffskarte auszusuchen. Diese Dinge können mit auf den Platz genommen werden.
Freiwillige dann berichten lassen, was diese hier gewählte Uhr und die Begriffskarte in Beziehung zur Zeit für sie bedeutet (auch warum gerade diese bestimmte Uhr gewählt wurde).

Vorbereitung/Erarbeitung des »Mitgebsels«:
Benötigte Materialien: DIN A4 Papierbögen aus festerem Papier (pappenähnlich), Briefumschlagsklammern, Klebstoff, Sanduhrenglas gefüllt mit Sand für 3 – 5 Minuten (gibt es manchmal in Apotheken oder beim Zahnarzt umsonst oder sehr kostengünstig – eigentlich dafür gedacht, dass Kinder ihre Zähne vernünftig und lange genug putzen)
So geht's: Den Text von Gerhard Schöne, »GANZ EINFACH« auf die DIN A 4 Papier kopieren (sollte zur Gruppenstunde vom Leiter geleistet werden). Falls jemand in der Gruppe ist, der eine sehr gute Schrift hat oder die Kalligraphie noch gut beherrscht, darum bitten, diese Aufgabe zu übernehmen und dann entsprechende Kopien anfertigen. Auf dem Bogen Platz lassen für das Anbringen der Sanduhr. Die Briefumschlagsklammer an der Sanduhr befestigen (evtl. kleben). Die Sanduhr mittels der Briefumschlagsklammer am Bogen befestigen und darunter schreiben: »Meine Zeit steht in Gottes Händen«.
Im Gottesdienst: Dieses Mitgebsel an die Gottesdienstbesucher aushändigen mit der Bitte, in den nächsten Tagen immer wieder diesen Text zu lesen und sich damit gedanklich auseinander zu setzen, solange der Sand durch die Sanduhr läuft. Oder sich in dieser Zeit von Gottes Geist bewusst daran erinnern lassen, dass alle Zeit Gottes Zeit ist und man als Person genau in diesem Moment am richtigen Platz ist, wenn man sich bewusst Führung Gottes mit seinem Leben anvertraut hat – Gott danken dafür.

DAS THEMA FÜR SENIOREN

Alles hat seine Zeit

»Ein Jegliches hat seine Zeit und alles Vorhaben unter dem Himmel hat seine Stunde.« Dieser Spruch aus dem Alten Testament wird die Bildmeditation einleiten. Das Bild zeigt allerdings ein Ereignis aus dem Neuen Testament, nämlich den Fischzug des Petrus.
Es ist ein Bild aus der Kassettendecke der Hospitalkirche in Hof, das auf Folie gedruckt auf eine Leinwand projiziert wird.

Senioren haben Erfahrungen mit den Begriffen Zeit und Geduld gemacht und wissen, dass Gott unsere Gebete manchmal nicht sofort erhört, oder ganz anders als wir es erwarten. Das Ziel ist zu zeigen, dass es sich lohnt, auf Gottes Stunde zu warten. Oft brauchen wir Geduld und fragen uns, warum Gott nicht eingreift. Aber wenn die Zeit reif ist und Gott seinen Segen gibt, geschieht oft Großartiges.

Material

Bilder oder Folie vom Fischzug des Petrus (Homepage der Hospitalkirche in Hof, Kassettendecke, oder unter Fischzug im Internet), Stift, Papier.

Begrüßung und Einstieg

Beginn wie üblich in der Gruppe z.B.:
Begrüßung, als Einstieg das Vorlesen von Prediger 3.1, Gebet, Lied.

Vertiefung

Das Bild wird auf die Leinwand projiziert (oder Bilder werden verteilt).
Es folgt die Erklärung, wo das Bild herstammt und dass der Maler Heinrich Lohe es 1688/89 schuf. Man kann jetzt auch ein Bild von der ganzen Kassettendecke (gleiche Quelle) zeigen. Sie ist sehr interessant.

Ein Teilnehmer liest Lukas 5,1-11.

Die Teilnehmer betrachten in Ruhe das Bild vom Fischzug und berichten was ihnen dabei in Bezug auf Zeit (Gotteszeit-Menschenzeit) und Geduld einfällt.
Mögliche Fragen:

- Sind Fischer wohl geduldige Menschen?
- Haben sie wohl vor Beginn der Arbeit um Erfolg gebetet?
- Wie sehen sie aus (müde, munter, enttäuscht)?
- Warum fischen sie erneut, zur Unzeit?
- Was macht Petrus?
- Was macht Jesus mit seiner rechten Hand?
- Warum haben sie nachts nichts gefangen, aber jetzt?
- Worauf müssen wir achten, wenn wir »Menschen fischen« sollen?

Vorbereitung des gestalterischen Elementes für den Gottesdienst: Bildbetrachtung

Der Leiter notiert sich während des Gespräches die wichtigsten Aussagen. Es geht vor allem darum aufzuzeigen, dass wir für all unser Tun Gottes Segen brauchen und dass wir lernen müssen darauf zu hören, was Gott will, wann er es will und wie. Es geht nicht an, dass wir drauflosarbeiten und es dann »absegnen« lassen. Die Gruppe beschließt, was sie im Gottesdienst der Gemeinde zu dem Bild sagen will und wer dies tun wird. Es sollen kurze, verständliche Sätze sein z.B. wie:

Die Jünger sehen müde aus, nach einer langen Nacht.
Als der Herr segnend seine Hand hebt wissen sie, dass sich jetzt der Einsatz lohnt.
Petrus fällt vor seinem Herrn auf die Knie, er hat verstanden wer Zeitpunkt und Erfolg gibt.

Wenn die technische Möglichkeit besteht, kann man auch über eine musikalische Untermalung nachdenken.

Abschluss

Die Stunde wird in der üblichen Weise beendet, zum Abschluss kann das Lied »Meine Zeit steht in Deinen Händen« gesungen werden.

GEMEINSAMER GOTTESDIENST

Jede Zeit ist Gottes Zeit

Eröffnungslied: In Gottes Haus sind offene Türen
Möglichst gemeinsam singen lassen. Ruhig mit Bewegungen.
Text & Musik: Hella Heizmann © 1993
Auf CD/MC »HELLA FÜR MINIS«
Verlag Schulte & Gerth, Asslar, 1993

Begrüßungsmoderation
Mit Bezug zum Eingangslied und Lesung des dem Gottesdienstmotto zugrunde liegenden Bibeltextes und evtl. Eingangsgebet.

Interaktive AKTION der Gruppe ERWACHSENE (MANN/FRAU)
Siehe Entwurf Gruppenarbeit

Verteilen der »Mitgebsel« durch die Gruppe ERWACHSENE (MANN/FRAU).
Dabei Einspielung des Gerhard Schöne Songs »Ganz einfach«

BILDBETRACHTUNG »Alles hat seine Zeit« der Gruppe SENIOREN

Gemeinsames Lied
Vorschlag: »Meine Zeit steht in deinen Händen«

Liturgischer Text durch die Gruppe TEEN/JUGEND

Lied »Komm, jetzt ist die Zeit wir beten an«, ebenfalls als Beitrag der Gruppe TEEN/JUGEND
Gleichzeitig Einstieg in eine Lobpreiszeit / Gebetszeit mit musikalischen Gebeten

Lobpreiszeit / Gebetszeit

Spiel der Gruppe KINDER, Motto: »Lachen und Weinen gehört zusammen«

Predigt / Ansprache

Gemeinsames Lied

Segen

FEUER, WASSER, ERDE, LUFT

Biblischer Text: Psalm 104

EINLEITENDE TEXTBETRACHTUNG: PSALM 104

Exegetische Anmerkungen

Formgeschichtlich gehört Psalm 104 in die Gattung Hymnus eines Einzelnen. Der individuelle Beter wendet sich in vielfachen hymnischen Formulierungen an seinen Gott Jahwe. Für die Auslegung ist bedeutsam, dass diese hymnischen Anreden Gottes nicht das Ergebnis privater Meditation etwa im Sinne mystischer Annäherungen an Gott sind, sondern vor einem Forum vorgetragen wurden. »Zu solchem Lied gehört der festliche Rahmen.«(Klaus Koch, Was ist Formgeschichte? Methoden der Bibelexegese, Neukirchen-Vluyn, 1981, 4. Auflage, S.200) Der Vortragende wendet sich an die mit ihm versammelte Gemeinde, um die Versammlung zum Gotteslob zu motivieren. Es fällt bereits beim oberflächlichen Lesen von Psalm 104 auf, dass die Schöpfungswerke zur Freude dessen da sind, der von ihnen erzählt.

Verse 1-4
Psalm 104 enthält im masoretischen Text keine Überschrift bzw. Verfasserangaben. In der Septuaginta dagegen ist der Text dem König David zugeschrieben worden.

Der Text setzt im ersten Satz mit einer Selbstaufforderung zum Lob Jahwes (Vers 1a) ein. Die Aufforderung richtet sich an die eigene Seele (hebr. Näphäsch). Der Begriff Seele bezeichnet im Hebräischen ein weites Bedeutungsfeld. Überblickt man dieses Bedeutungsfeld, so ist dabei ein Lebewesen beschrieben, »das das Leben weder aus sich selbst gewonnen hat noch erhalten kann, sondern das in vitalem Begehren auf Leben aus ist.« (Hans Walter Wolff, Anthropologie des Alten Testaments, München: Chr. Kaiser, 1977, 3. Auflage, S.47) Unter Berücksichtigung dieses Bedeutungsspektrums von Seele liegt die Selbstaufforderung zur Kenntnisnahme des Schöpfers und damit zum Schöpferlob nahe.

Einzelne Teile der Schöpfung (Licht, Himmel, Wolken) werden zu Insignien der Herrschaft Jahwes (Verse 2-3). Andere (Wind, Feuerflammen) werden personifiziert und erinnern so an Jahwes himmlischen Thronrat (Hiob 1,6; 2,1). Das entspricht zwar antikem Weltbild und stellt antike Schöpfungsterminologie dar, kommt aber der Wahrnehmung antiker, wie auch moderner Menschen nahe. Bis heute stellen in verschiedenen Kulturräumen unkontrollierbare Winde und Feuer angsteinflössende Machtfaktoren für den Menschen dar. Naturkatastrophen der jüngsten Zeit haben diese Wahrnehmung noch verdeutlicht.

Verse 5-9
Der Vortragende wendet in diesem Teil des Textes seine Aufmerksamkeit der Schöpfung der Erde zu. In mythischer Sprache wird die »Stabilisierung des Festlandes über dem Haltlosen« (Kraus, Psalmen, S.882) dargestellt. Dies erinnert an die ordnende Tätigkeit des Schöpfers nach dem ersten Schöpfungsbericht (Genesis 1). Dem Wasser, das in der antiken Umwelt dieses israelitischen Beters als Chaosmacht angesehen wurde, wird vom Schöpfergott eine Grenze für seine destruktiven Aktivitäten gesetzt (Vers 6). Damit verlieren die Wasser »ihre schöpfungsfeindliche Macht«(Klaus Seybold, Die Psalmen, Tübingen: J.C.B. Mohr (Paul Siebeck), 1996, S.409). Dies ist Grund zur Freude über den Schöpfer.

Verse 10-18
Dieser Teil geht einen Schritt weiter in der Entzauberung der Chaosmacht des Wassers. Es ist nicht bloß Teil der Schöpfung, sondern Wasser bekommt darüber hinaus eine dienende Funktion im Zusammenwirken der einzelnen Bestandteile der Schöpfung (Verse 6-7). Die Leben erhaltende und Leben ermöglichende Funktion des Wassers wird deutlich herausgestellt. Wasser hat geradezu die Aufgabe, »die geschaffene Welt zu erfreuen und zu erquicken.«(Kraus, Psalmen, 882)

Verse 19-23
Mond und Sonne haben, in deutlicher Abkehr jeder mythologischen Überhöhung, wie in der antiken Umwelt Israels, eine fest fixierte Funktion in der Einteilung der Zeit. Dies stimmt überein mit der Funktion der Gestirne nach Genesis 1, 14-15. In dieser zeitlichen Aufgabe regeln und ermöglichen die Gestirne das Zusammenleben von jungen Löwen, als Repräsentant der wilden Tiere und der Menschen. Diese Zukunftsperspektive erscheint in metaphorischer Sprache. In den Psalmen stehen Löwen häufig für »das schonungslose unwiderstehliche Zupacken der Tyrannen ...« (Othmar Keel, Die Welt der altorientalischen Bildsymbolik und das Alte Testament: Am Beispiel der Psalmen, Göttingen: Vandenhoeck & Ruprecht, 5. Auflage, S.75). Damit deutet der

Psalmist eine die von Angst geprägte Gegenwartserfahrung transzendierende Zukunftshoffnung an. Dies erinnert an die eschatologische Vision des Sehers Johannes (Offb. 21,3-4).

Vers 24
Der Vers unterbricht den Gedankengang durch die staunende Feststellung, dass die Erde Ergebnis der großzügigen, ordnenden (vgl. Genesis 1) und weisen Tätigkeit des Schöpfergottes Jahwe ist. Die Reflexion über die Schöpfung und ihren Urheber lädt ein zum Lob des Schöpfers.

Verse 25 und 26
Das Meer wird dargestellt als natürlicher Lebensraum für Meeresbewohner jedweder Größe und Art. Darüber hinaus dient es als Medium, das den Transport menschlicher Kulturgüter ermöglicht.

Verse 27-30
Die Darstellung des Kosmos als Ergebnis göttlicher Schöpfertätigkeit hat Konsequenzen für die Menschen. Die Menschen bleiben auf die lebenserhaltende Tätigkeit des Schöpfers angewiesen. Jahwe behält das Privileg »Leben zu geben und Leben zu nehmen.« (Seybold, *Psalmen*, S.410) Dieser Hinweis dient als Warnung des Beters vor menschlicher Selbstüberhebung (vgl. Psalm 30,7-8).

Verse 31-35
Den Abschluss bildet eine relativ ungeordnete Aneinanderreihung theologischer und anthropologischer Konsequenzen aus den bisherigen Äußerungen. Seybold bezeichnet diesen Teil als spätere »Zusätze zum Korpus des Psalms.« (Seybold, Psalmen, 411) Den Zusammenhang des Textes unterbrechend und zudem für heutige Leser irritierend wirkt der Zerstörungswunsch für die Sünder (Vers 35a). Für antike Leser waren dagegen solche Äußerungen vertraut (vgl. die sehr viel größere Vernichtungsbitte in Psalm 137,7-9).
Psalm 104 hat seinen Höhepunkt im Abschluss (Vers 35b). Vermutlich stellt dieser im Imperativ gehaltene Aufruf zum Lob Jahwes die »Urzelle des Hymnensingens« (Hermann Gunkel, Einleitung in die Psalmen: Die Gattungen der religiösen Lyrik Israels, Göttingen: Vandenhoeck & Ruprecht, 1933, S.37) dar. Damit wird die Funktion des Hymnus deutlich herausgestellt. Die Darstellung der Schöpfertätigkeit Jahwes dient nicht primär der Freude des Menschen, sondern der Aufforderung zum »abhängigkeitsbewussten Lob« (Kraus, Psalmen, 887) des Schöpfers vor der versammelten Gemeinde.
Zusammenfassend lässt sich festhalten, dass Psalm 104 als Schöpfungshymnus das Lob des Schöpfergottes Jahwe ins Zentrum rückt. Indem Jahwes schöpferische Tätigkeit betont wird, verlieren die Geschöpfe jede die geschöpfliche Ebene übersteigende

Qualität. Sie sind nur Schöpfungsgaben. Dies ist in der antiken Umwelt des Psalmisten eine keineswegs selbstverständliche Feststellung.

Gleichzeitig mit ihrer Entzauberung bekommen die Schöpfungswerke aber eine zweifache Funktion zugesprochen: Sie motivieren den Psalmisten und die mit ihm versammelte Festversammlung zum Lob des Schöpfers (Verse 24 und 35b). Darüber hinaus ermöglichen und erleichtern sie das Leben der Tierwelt und insbesondere des Menschen und seiner Kultur (Verse10.26 u.a.).

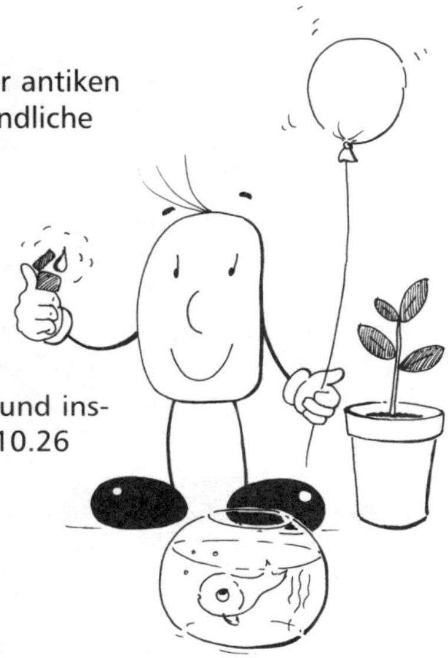

DAS THEMA FÜR KINDER

Feuer, Wasser, Luft und Erde

Der Alltag unserer Kinder wird immer mehr von Computern und modernen Medien bestimmt. Die wenigsten Kinder wachsen mit einer ursprünglichen Begegnung mit der guten Schöpfung Gottes auf. Sie kennen die Natur höchstens von Wochenenderfahrungen. Meistens wird die Freizeit jedoch zu Hause oder in Erlebnisparks verbracht. Es werden immer mehr Freizeitaktivitäten gesucht, die einen höheren Nervenkitzel bieten. Viele Kinder flüchten sich lieber in eine virtuelle Welt, in der alles heil ist, alles möglich ist, statt sich der realen Welt zu stellen. Man beobachtet schon in den Kindergärten, dass den Kindern die natürliche Beziehung zu den ursprünglichen Lebensgrundlagen verloren gegangen ist. Das sieht man besonders an der zunehmenden Hyperaktivität und motorischen Auffälligkeiten. Die Kinder werden in der modernen Konsumgesellschaft zu Benutzern degradiert. Sie können Geräte bedienen, verstehen aber nicht, warum und wie sie entstanden sind und funktionieren. Daher sind sie nicht in der Lage, den Wert einer Sache einzuschätzen und damit verantwortlich umzugehen.

Auf Grund solcher Beobachtungen ist es notwendig, verstärkt darauf zu achten, den Lebensbedürfnissen der Kinder gerecht zu werden. Sie müssen Raum zur Entfaltung haben. Dazu gehört es auch, dass wir ihnen ermöglichen, die Welt als Schöpfungsgabe Gottes mit allen Sinnen zu erfassen und zu begreifen. Dazu haben Kinder von Grund auf gute Voraussetzungen. Sie bringen einen großen Entdeckungsdrang mit, die Welt ganzheitlich zu erfassen. Sie fühlen sich in der Regel von den Elementen der Natur stark angezogen und wir dürfen es nicht verhindern, dass sie ihre Erfahrungen damit machen: Von einer brennenden Kerze oder einem knisternden Feuer werden schon die kleinsten Kinder angezogen. Sie gehen in unterschiedlicher Weise damit um. Mutig, neugierig, andere eher ängstlich. Sie spüren, Feuer kann gefährlich werden.

Eines der Elemente, das die Kinder am meisten genießen, ist das Wasser. Darin können sie fröhlich planschen. Sie benutzen es beim Waschen, Zähne putzen, trinken. Sie merken sehr schnell, wie wichtig es für unser Leben ist. Sie haben aber auch Respekt vor der Wassertiefe und vor der Kraft des Wassers.

In der Erde matschen, Blumen pflanzen, im Sand spielen, den Berg herunter rollen, all das lieben Kinder. In der direkten Begegnung mit der Natur verstehen sie, dass sie ein Teil dieser Erde sind und sie spüren sich selber.

Die Luft ist für sie ein sehr interessantes Element. Denn sie können sie nur spüren. Deswegen müssen wir den Kindern dieses Element aufschließen. Sie werden merken, dass sie die Luft auf der Haut spüren, dass sie gut oder schlecht riechen kann. Sie wissen, wie wichtig sie ist, weil sie atmen müssen. Sie lieben den Wind und fürchten den Sturm.

Wir verwenden in dieser Einheit zur Darstellung der vier Elemente den Psalm 104,4b ; 10 ; 3b ; 30b. Damit bringen wir den Kindern nahe, dass Gott diese Teile der Natur geschaffen und in einen großartigen Zusammenhang gesetzt hat, in der wir und alles, was uns umgibt, in einer erstaunlichen Weise miteinander verbunden sind. Gott stellt sich in diesen Elementen der Schöpfung auch immer wieder selbst dar. In der Bibel bedient sich Gott dieser Elemente, um den Menschen zu begegnen. Außerdem tragen alle diese Naturgewalten gleichzeitig schöpferische und zerstörerische Elemente in sich. So können sie Freude bringen und beängstigen, weil wir erkennen, wie ohnmächtig wir gegen sie sind. Der Beter von Ps. 104 beschreibt, wie er diese wunderbaren Schöpfungselemente achtet, denn sie weisen auf einen mächtigen Gott hin, den wir ernst nehmen müssen. Er zeigt auf die Schöpfungskraft der Erde, die Energie des Feuers, die Lebensgrundlagen Wasser und Luft. Alle diese Dinge, die so mächtig sind, den Menschen vernichten zu können, müssen diesem Gott dienen. Das zeigt, wie groß er ist.

Wenn wir diese vier Themen im Stundenbild entfalten, stehen dazu mehrere Möglichkeiten zur Auswahl. Wir können die Kinder direkte Erfahrungen damit machen lassen. Es ist auch möglich, mit den Kindern anhand der ausgewählten Bilder aus Psalm 104 über die geistlichen Bedeutungen zu sprechen. Die geistlichen Inhalte könnte man mit den Kindern weiter ausführen, indem man sie den Psalm 104 mit eigenen Worten neu verfassen lässt oder indem sie ein Gebet zu der Thematik schreiben. Diese beiden Elemente können auch für den gemeinsamen Gottesdienst verwendet werden. Für ältere Kinder würde sich eine Weiterführung der Thematik anbieten. Das kann in Form einer Diskussion über die menschliche Verantwortung für die Schöpfung in Verbindung mit dem Gedanken der Umweltzerstörung und Ausbeutung der Natur geschehen.

Einstieg

Wir singen mit den Kindern zu Beginn der Stunde Lieder bis alle eingetroffen sind. Die Lieder sollen thematisch von Gott als Schöpfer, der Welt und einzelnen Elementen der Schöpfung (Tiere, Pflanzen, Sonne, Mond usw.) handeln. Hier ein paar Beispiele: Er hält die ganze Welt in seiner Hand; Die Sonne, die Erde, die Wolken, das weite Meer; Wenn der Sturm tobt; Zünde an dein Feuer, Herr im Herzen mir; Mein Gott ist so groß, so stark und so mächtig.

Wir begrüßen die Kinder und lesen ihnen als Einstieg die angegebenen Verse des Psalm 104 vor. Sie werden als Plakate aufgehängt, damit sie den Kindern während des Stundenverlaufs vor Augen sind. Wir zeigen ihnen eine große selbstgebastelte Erde, die der Ausgangspunkt für unsere gemeinsame Gruppenerarbeitung werden soll, und stellen ihnen das Thema der Stunde vor. Wir erklären ihnen, dass wir in diesem Kindergottesdienst einige Inhalte erarbeiten werden, die wir im gemeinsamen Gottesdienst aufführen möchten.

Hinführung

Spiele zum Thema

Wir bilden für vier Gruppen, die jeweils einem Element zugeordnet werden. Es gibt vier Wettspiele, die mit den Elementen zu tun hat. Bei jedem Spiel steht ein Element im Vordergrund. Die Gruppe, die das Element, um das es in dem Spiel geht, als Symbol hat, hat einen besonderen Bonus. Die Punkte werden addiert, am Ende zählt die Gesamtpunktzahl. Für den Sieger gibt es 4 Punkte, für die Zweiten 3 usw. So ist es wahrscheinlich, dass jede Gruppe wenigstens einmal Sieger ist. Außerdem wird so ein stärkerer Bezug zu den Elementen hergestellt.

Spiel 1: Feuer

So geht's: Die Gruppen bekommen die Aufgabe, in einer begrenzten Zeit (je nach Gruppengröße 1-3 min.) möglichst viele Dinge zu sammeln, die brennbar sind. Sie dürfen nicht zu groß sein und nicht doppelt gesammelt werden. Pro Gruppe darf immer nur ein Kind laufen und einen Gegenstand holen, dann erst ist das nächste Kind an der Reihe. Bei der Feuer-Gruppe zählen die ersten zehn gesammelten Gegenstände je einen Punkt, so wie bei den anderen auch. Aber ab dem elften Gegenstand bekommen sie doppelte Punktzahl für jeden weiteren Gegenstand. Die Gruppe mit den meisten Punkten ist Sieger.

Spiel 2: Luft

So geht's: Die Gruppen bekommen Tischtennisbälle und Luftballons. Jeder Teilnehmer bläst seinen Luftballon auf und pustet mit ihm den Tischtennisball so weit wie möglich über einen Parcours. Die Luft-Gruppe hat einen Vorteil. Ihre Luftballons sind größer (falls das nicht möglich ist, dürfen drei Teilnehmer ihren Ballon zwei Mal aufblasen). Die Strecke, die der Tischtennisball zurück gelegt hat, wird gemessen und addiert. Gewonnen hat die Gruppe, die den Ball am weitesten pusten konnte.

Spiel 3: Wasser

So geht's: Die Gruppen bekommen einen Eimer Wasser und Pappbecher mit Löchern drin. Jeder Teilnehmer muss seinen Becher füllen und über einen Hindernisparcours bringen. Am Ende steht ein leerer Eimer und darin müssen die Gruppen ihr Wasser sammeln. Die Wasser-Gruppe hat den Vorteil, dass ihre Pappbecher nur ein einzelnes Loch haben. Gewonnen hat die Gruppe, die am meisten Wasser über den Parcours in den Eimer gesammelt hat.

Spiel 4: Erde

So geht's: Jede Gruppe bekommt eine vorbereitete Sandkiste, in der sich zehn Murmeln o.ä. befinden. Jeder Teilnehmer bekommt einen Schaschlikspieß (Spitzen vorher abzwicken) o.ä. mit dem er dann nach dem Startsignal buddeln darf. Das Spiel dauert zwei Minuten. Hat der Spieler eine Murmel gefunden, ist der nächste Spieler an der Reihe. Der Vorteil der Erde-Gruppe ist, dass sich in ihrer Sandkiste 15 Murmeln befinden. Gewonnen hat die Gruppe, die nach Ablauf der Zeit die meisten Murmeln gesammelt hat.

Erarbeitung

In den bestehenden Gruppen wird nun weitergearbeitet. Es ist gut, wenn ein Mitarbeiter die Gruppen begleitet.

Gruppe Feuer

Die Feuergruppe überlegt, wofür Feuer gut ist und was es auch anrichten kann. Dabei werden die Schönheit und die verzehrende Macht bedacht. Der Mitarbeiter setzt das Thema in einen geistlichen Bezug: Feuer hatte schon immer einen großen Anziehungskraft. In den Psalmen steht, dass Gott Feuerflammen zu seinen Dienern macht. D.h. Gott ist sehr mächtig. Er ist in der Lage, sich das Feuer dienstbar zu machen, was für den Menschen immer eine große Herausforderung war. Die Kinder schneiden nun aus Tonpapier in verschiedenen Rottönen Flammen aus. Sie schreiben auf die Flammen, was Feuer an Gutem bzw. Schlimmen bewirken kann (jede Flamme eine Eigenschaft). Die einzelnen Flammen werden zu einer großen Flamme zusammengeklebt und auf einem Viertel der Erde befestigt.

Gruppe Wasser

Die Kinder der Wassergruppe sammeln persönliche Erfahrungen, die sie mit Wasser gemacht haben. Dann lesen wir ihnen eine Geschichte vor, die von Wasser handelt. Sie überlegen, wofür Wasser gut ist und warum man auch Angst davor haben kann. Der Mitarbeiter setzt nun das Thema in einen geistlichen Bezug: Er erklärt, dass in der Bibel Wasser ein Symbol für Leben und Reinigung ist. Wir werden geboren aus dem Wasser heraus. Die Erde und der Mensch bestehen zum größten Teil aus Wasser. Wasser ist eine grundlegende Lebenssubstanz, die wir zum Trinken, Kochen und Waschen brauchen. Gleichzeitig ist sie eine Gewalt, die über Menschen hereinbrechen kann, wie z.B. die Sintflutgeschichte es beschreibt. In Psalm 104 steht, dass Gott Wasser in den Tälern quellen lässt. Das ist ein Bild dafür, dass Gott Menschen versorgt, ihnen Leben und eine lebendige Beziehung zu ihm schenken möchte. Die im Einstieg der Einheit gesammelten Gedanken über Wasser werden auf kleine, vorher vorbereitete Wassertropfen aus Tonpapier geschrieben. Diese Wassertropfen werden zu einem großen Tropfen zusammengeklebt und auf einem Viertel der Erde befestigt.

Gruppe Luft/Wind

Die Kinder der Luftgruppe erzählen sich gegenseitig, was sie mit Luft erlebt haben. Da die Luft unsichtbar ist, können sie von den Auswirkungen der Luft reden (Wind, Luftpumpe, Seifenblasen, Blätter wehen, Segelboot, Drachen fliegen, usw.). Wir sprechen mit ihnen über den Atem. Wir können sie Atemübungen machen lassen und ihnen erklären, dass Atemluft sich über Pflanzen erneuert. Atmen ist nicht nur lebensnotwendig. Wir könnten auch nicht reden oder singen, wenn wir nicht atmen könnten. Der Mitarbeiter erklärt nun den geistlichen Zusammenhang. Er liest

Psalm 104,3b vor. Gott beweist den Menschen seine Macht, indem er tut, was wir nicht können. Er fliegt auf den Wolken. Er kann fliegen. Wir nicht. Wir brauchen Flugzeuge. Jesus konnte dem Sturm befehlen, ruhig zu werden und er musste gehorchen.
Als Abschluss lassen wir die Kinder Wolken aus weißem Tonpapier ausschneiden. Sie beschriften sie mit den Auswirkungen der Luft. Diese Wolken werden zu einer großen Wolke zusammengeklebt und auf einem Viertel der Erde befestigt.

Gruppe Erde

Die Kinder der Erdegruppe untersuchen gemeinsam verschiedene Sorten von Erde und einige Pflanzen. Die Kinder sollen erzählen, was sie alles schon im Garten, Wald, auf dem Berg usw. gemacht haben. Wir betrachten mit ihnen ein Bild, das ein Erdbeben zeigt. Über die fruchtbare und die zerstörende Wirkung von Erde wird gesprochen. Dann liest der Mitarbeiter den Kindern Psalm 104,30b vor. Er erklärt den Kindern, dass Gott der ist, der auf und aus der Erde Leben schaffen kann, der den Menschen aus Erde geschaffen hat. Der Beter des Psalms staunt über die Größe Gottes. Das Leben ist in Gottes Hand. Er gibt es, er nimmt es.
Die Kinder basteln nun verschiedene Pflanzen aus Tonpapier und beschriften sie. Auf jede Pflanze schreiben sie eine gute oder schlimme Eigenschaft der Erde. Diese Pflanzen werden zu einem Busch zusammengeklebt und auf einem Viertel der Erde befestigt.

Vertiefung und Vorbereitung des gestalterischen Elementes für den gemeinsamen Gottesdienst

Gestaltete Welt und Lied

Wir erklären den Kindern, dass wir die nun gestaltete Erde im gemeinsamen Gottesdienst zeigen werden. Dabei singen wir das Lied »Er hält die ganze Welt in seiner Hand«. Die einzelnen Strophen werden mit den Begriffen »Feuer«, »Wasser«, »Erde«, »Luft« gesungen. Dieses Lied üben wir jetzt gemeinsam.

Gebet für den Gottesdienst

Wir gestalten jetzt ein gemeinsames Gebet für den Gottesdienst. Es werden vier vorbereitete Plakate aufgehängt. Auf jedem Plakat steht eines der vier Elemente. Jedes Plakat ist zweigeteilt. Auf der einen Hälfte steht die Überschrift »Gott, wir danken dir dafür, dass ...«. Auf der anderen Hälfte steht die Überschrift »Gott, bitte beschütze uns vor ...«
Jedes Kind darf einen Begriff nennen, der auf einem Viertel der Erde steht, wofür es Gott danken will und/oder wofür es um Bewahrung bittet. Der Mitarbeiter schreibt dies auf das Plakat, nachdem das Kind es entsprechend zugeordnet hat. Aus all den

Begriffen, die von den Kindern genannt und zugeordnet werden, entsteht das Gebet, das im Gottesdienst vorgelesen werden soll.
Wichtig ist noch, dass ein Mitarbeiter im Rahmen des Vortrags in der Gemeinde die vier Psalmverse vorliest, nach denen das Thema bearbeitet worden ist. Das Gebet soll von acht Kindern vorgetragen werden. Je zwei Kinder teilen sich ein Element. Das eine Kind betet das Dankgebet, das andere betet um Schutz.

DAS THEMA FÜR JUGENDLICHE

Feuer, Wasser, Luft und Erde

Ziel der Gestaltung

Die Jugendlichen erleben Schöpfung in ihrem Leben. Das eigene Leben wird als Schöpfung wahrgenommen, das neu werden kann. Es ist die Verbindung von Altem und Neuem Testament, der Beginn der Welt und der Beginn des eigenen, neuen Lebens durch die Begegnung mit Jesus.

Einstieg

Material: Kerzen, Glas mit Wasser, Luftballon, Erde, Zettel, Stifte
So geht's: In der Mitte liegen Feuer (Kerze), Wasser (großes Glas gefüllt), Luft (Luftballon) und Erde (aus dem Garten auf einer Plane). Die Jugendlichen setzen sich darum.

Das Feuer
Dann wird das Feuer herausgenommen und herumgereicht. Dazu sagt jeder dem Nachbarn »Es werde Licht«.
Anschließend gibt es eine Schreibphase unter dem Motto: *Wenn Licht in mein Leben kommt, dann* ... Die Jugendlichen haben Zeit, einzelne Sätze und Aussagen aufzuschreiben.

Das Wasser
Dann wird das Wasser herumgereicht. Jeder darf trinken.
Anschließend gibt es eine Schreibphase unter dem Motto: *Das Wasser in meinem Leben wird sichtbar, wenn ...*
Die Jugendlichen haben Zeit, einzelne Sätze und Aussagen aufzuschreiben.

Die Erde
Dann ziehen alle die Schuhe aus. Jeder führt nacheinander seinen Nachbarn barfuß über die Erde.
Dann gibt es eine Schreibphase: Wenn ich mich aus der Erde wage, dann ... Die Jugendlichen haben Zeit, einzelne Sätze und Aussagen aufzuschreiben.

Die Luft
Dann werden Luftballon herumgereicht, für jeden einen. Auf Kommando werden alle aufgeblasen und durch die Luft geworfen. Sie werden hin und hergeschlagen, bis sie sich im Raum verteilen.
Anschließend gibt es eine Schreibphase: *Wenn ich zum Himmel und zu den Sternen schaue, dann ...* Die Jugendlichen haben Zeit, einzelne Sätze und Aussagen aufzuschreiben.

Vertiefung

Anschließend hat jeder Zeit, einen besonderen Satz aus jedem seiner Texte zu suchen. Dann hat jeder vier Sätze. Dann liest der Leiter den Wenn-Satz vor und alle tragen ihre Texte vor. Dies geschieht in einer besinnlichen, ruhigen Stimmung.
Nacheinander kommen so die vier Elemente ins Leben der Jugendlichen.

Abschluss

Zum Schluss der Stunde liest der Leiter die Schöpfungsgeschichte vor. Jeder darf zum Abschluss sagen, welchem Tag er sich nahe fühlt. Darüber wird gebetet.

Vorbereitung des gestaltenden Elementes für den Gottesdienst: Großbild

Als Aufgabe für den Gottesdienst muss jeder eine Kerze, Wasser in einer Flasche, Luft von zu Hause in einem Ballon und Erde aus dem Garten mitbringen.

Im Gottesdienst

Das Großbild ist eine lebendige Performance. Der Leiter liest die Anfangssätze vor. Dann kommen aus den Ecken des Gemeinderaums die Jugendlichen und bringen ihre »Gaben«. Sie legen sie vorne vor den Altar und sagen ihren Satz, den sie damit verbinden. Nacheinander entsteht ein großes Bild im Altarraum, zusammengestellt aus den Elementen. Daneben entsteht ein Sprachbild durch die vielen verschiedenen Sätze, die die Jugendlichen sprechen

Dann läuft vom Band Musik und jeder Besucher kann nach vorne gehen und einen Luftballon aufblasen, eine Kerze anzünden, etwas Erde abholen oder Wasser trinken. Diese Phase kann weggelassen werden, dient aber dem gemeinsamen Erleben. Die Aktion endet mit, dass der Leiter der Jugendstunde liest: *Und Gott sah an alles, was er gemacht hatte, und siehe, es war sehr gut.*

DAS THEMA FÜR ERWACHSENE

Thema: Feuer, Wasser, Luft, Erde – Staunen über die Größe der Schöpfung Gottes

Zielvorstellung Altersgruppe: Erwachsene im Alter zwischen 25 und 50 Jahren, die mittlerweile vielfache Erfahrungen mit Gottes Schöpfungsgaben Feuer, Wasser, Luft und Erde gemacht haben. Die Lebensälteren haben sehr bewusst die Etablierung der ökologischen Bewegung – u. a. der Partei der GRÜNEN – und die Verankerung von Werten, die den Schutz der Natur und somit Schöpfung im Mittelpunkt haben, im Bewusstsein großer Teile der westeuropäischen Bevölkerung miterlebt.

Thematischer Aufriss mit Verknüpfung zum Lebensalter der Gruppe

Obwohl sicherlich vielfältige Erfahrungen mit Gottes Schöpfungsgaben Feuer, Wasser, Luft und Erde in den Generationen dieser Altersgruppe vorhanden sind, werden sie aktuell oft nicht mehr bewusst wahrgenommen bzw. sie sind nicht mehr präsent.

Das Staunen über die Größe Gottes, die in seiner Schöpfung sichtbar wird und die sich auch in dem Einsatz bzw. Zusammenspiel der Elemente Feuer, Wasser, Luft und Erde widerspiegelt, wird verhindert durch das Alltagsgeschehen. Die Momente zum Innehalten finden kaum noch statt. Zumindest in diesem Gruppentreffen soll auf eine Gelegenheit zum dankbaren Staunen über die Größe Gottes hingewirkt werden.

Einstieg

Die vier Elemente erfahren
Die Teilnehmer sinnlich an das Thema heranführen und die Elemente erfahren lassen.
Materialien: Eimer mit Erde, Wassersprühflasche, kleines Heizluftgerät mit dem man warme und kalte Luftströme erzeugen kann, Kerze / Lichtquelle
So geht's: Den Gruppenraum total abdunkeln. Die Teilnehmer vor dem Raum in Empfang nehmen. Direkt beim Eintritt in den Raum die Teilnehmer in einen Eimer mit Erde fassen lassen (lockere Muttererde oder sehr feiner Kies). Anschließend aus einiger Entfernung die Teilnehmer mittels der Sprühflasche kurz mit Wasser bespritzen (Sprühdüse auf »sehr fein« stellen). Teilnehmer sollten aber nur kurz »angefeuchtet« werden. Auf keinen Fall richtig nass; danach würden sie wahrscheinlich keinen richtigen Spaß mehr an dem weiteren Treffen haben. Danach das Heizluftgerät einschalten, auf »Warm« stellen und den Luftstrom in Richtung der feuchten Teilnehmer lenken. Zwischendurch auch 'mal auf »Kalt« stellen. Zum Ende der Einstiegsaktion eine Kerze entzünden und »Licht ins Dunkel bringen«. Den Saal wieder komplett erhellen die Teilnehmer sich setzen lassen.

Textlesung Psalm 104
Der Text wird gelesen.

Begrüßung und »Einstiegsworte«

Jede Minute des Tages bietet eine neue Möglichkeit, die Herrlichkeit der Schöpfung Gottes zu erleben. Oft genug haben Menschen nicht die Gelegenheit, jede dieser Minuten wahrzunehmen. Wenn man z. B. keltische bzw. irische Segenssprüche hört oder liest, kommt in manchen Sprüchen eine Spiritualität rüber, die an diese Tatsache erinnert. Vielleicht macht das auch die Faszination dieser irischen Segenssprüche aus. Den Kelten, die das frühe Christentum auf Irland stark beeinflussten, war bewusst, dass die reale Welt, die sie mit ihren Sinnen erlebten, von der übernatürlichen Welt durchdrungen war. Für sie stand die Gegenwart des Göttlichen im Alltag außer Frage. Die vier Elemente Feuer, Wasser, Luft und Erde haben eine grundlegende Bedeutung für alles Leben auf unserer Erde. Sie sind Teil der Schöpfung Gottes und eingebettet in ein großartiges Beziehungsgeflecht, in dem alles, was uns umgibt, in erstaunlicher Weise miteinander verwoben ist.

Gebet
Jesus Christus, Sohn Gottes, des Schöpfers aller Dinge, schenke uns wieder neu Zeiten und Möglichkeiten, die Herrlichkeit der Schöpfung an jedem Tag des Jahres im gewöhnlichen Alltag auch im Kleinen und Unauffälligen neu zu erleben.

Vertiefung

Austausch
Die Teilnehmer schildern ihre Erlebnisse zu den Begegnungen mit den Elementen in dem Bewusstsein, dass alle vier Elemente doppeldeutig sind. Lebensnotwendig und bedrohlich, Freude bringend und beängstigend. Es dürfen also positive und negative Erlebnisse geschildert werden.

Feuer: »Du machst Feuerflammen zu deinen Dienern« (Psalm 104,4b). Das Feuer hat schon immer eine große Anziehungskraft auf den Menschen ausgeübt. Sich das Feuer dienstbar zu machen, war und ist manchmal noch eine der großen Herausforderungen des Menschen.
Die Teilnehmer ihre Erlebnisse mit dem Element FEUER schildern lassen

Wasser: »Du lässt Wasser in den Tälern quellen« (Psalm 104,10). Ein für das Leben ebenfalls unverzichtbares Element ist das Wasser. Erde und Mensch bestehen zum größten Teil aus Wasser. Wasser ist ein grundlegende Lebenssubstanz. Wir brauchen es täglich zum Trinken, Kochen und Waschen. Ohne feste Nahrung kann ein Mensch tage- ja sogar wochenlang auskommen. Ohne Flüssigkeit geht er sehr schnell zugrunde. Er würde praktisch austrocknen. Das Wasser ist in der Bibel ein Symbol für das Leben (Psalm 104,10-13). Gleichzeitig steht es aber auch für die Gewalt der Urfluten, die vernichtend über den Menschen hereinbrechen können, wie es in der Sintflutgeschichte beschrieben ist (Psalm 104,6-9)
Die Teilnehmer ihre Erlebnisse mit dem Element WASSER schildern lassen.

Luft: »Du kommst daher auf den Fittichen des Windes« (Psalm 104,3b). Ohne ständig zu atmen können wir nicht leben. Der Atem erlaubt uns außerdem, die Welt zum Klingen zu bringen. Ohne Luft sind wir nicht in der Lage Schwingungen zu hören oder etwas zu riechen. Luft richtig eingesetzt überwindet Distanzen.

Die Teilnehmer ihre Erlebnisse mit dem Element LUFT schildern lassen.

Erde: »Du machst neu die Gestalt der Erde« (Psalm 104,30b). Aus der Erde entspringt das Leben. Sie ernährt uns und ist uns von Gott als wertvolles Gut zum Bebauen und Bewahren anvertraut. Wie sehr das Leben auch spirituell mit der Erde verbunden ist, wird in der Bibel erkennbar. In der Schöpfungsgeschichte des Alten Testamentes wird der Mensch von Gott aus einem Klumpen Ton geformt. Im Tod kehrt er wieder in den Schoß der Erde zurück.
Die Teilnehmer ihre Erlebnisse mit dem Element ERDE schildern lassen

Andacht / Vortrag

Dankbares Staunen über die Größe Gottes weil es allen Grund zum Staunen und Danken gibt!

»Wie groß ich doch Gott! Wie unendlich sein Reichtum, seine Weisheit, wie tief seine Gedanken! Wie unbegreiflich für uns seine Entscheidungen und seine Pläne! Denn wer könnte jemals Gottes Absichten erkennen? Wer könnte ihm raten? Oder: Wer hätte Gott jemals etwas gegeben, das er von ihm zurückfordern könnte? Denn alles, aber auch wirklich alles ist von ihm, dem Schöpfer, ausgegangen, besteht durch ihn, und er wird alles vollenden. Ihm gehören Lob und Ehre in alle Ewigkeit. Amen!«

Staunen

Ich las von einem Mann, der auf seinem Sterbebett gesagt haben soll: »Ich habe Gott nie in meinem ganzen Leben um Erfolg oder Weisheit gebeten, oder um Macht oder Ruhm. Ich habe ihn darum gebeten, dass er mich zum Staunen bringt!« Staunen über Gott, Staunen über seine Schöpfung – können wir das eigentlich noch?

Beispiel (des Autors dieses Beitrages / kann mit eigenen Erlebnissen ersetzt werden)
Vor drei Jahren hatten wir als Familie die Gelegenheit, in den Herbstferien nach Kanada zu fliegen. Meine Frau Claudia und ich waren eingeladen, in der Gemeinde eines befreundeten Pastors einige Dienste zu übernehmen – Musik zu machen und zu predigen. Und da die Flüge zu dem Zeitpunkt wirklich außerordentlich günstig waren, haben wir uns entschlossen, unsere Kinder mitzunehmen und alles gemeinsam zu erleben. Der Ort Sechelt, in dem sich die Gemeinde befindet, liegt in der Nähe von Vancouver, also an der Westküste und direkt am Pazifischen Ozean. Eine fast unbeschreiblich schöne Gegend. Eine Familie, die ihr Haus direkt am Wasser in einer kleinen Bucht hat, hatte uns eingeladen, einige Tage bei Ihnen zu wohnen. Sie wollten das Gute, dass ihnen ihre Traumlage ermöglichte, einfach teilen. Da beide Lehrer sind und es in Kanada keine Herbstferien gibt, waren sie tagsüber nicht im Haus. Ich kann

mich gut erinnern, wie Claudia und ich an einem Morgen beim und nach dem Frühstück einfach stundenlang sitzen blieben und aus dem großen Panoramafenster aufs Wasser schauten, auf das Ufer der Bucht, auf die vielen kleinen Inseln und die große Insel Vancouver Island, die vorbeiziehenden Adler und andere Vögel geschaut haben, total relaxt waren und uns gefreut haben an der Schönheit Gottes in seiner Schöpfung. Wir kamen aus dem Staunen nicht heraus und sind noch immer unheimlich dankbar, dass uns dieses Erleben möglich war.

Wie viele Menschen in unseren Tagen haben das Staunen verlernt! Dabei muss man zum Staunen gar nicht so weit weg fahren. Schauen Sie sich einen Sonnenaufgang oder -untergang an, die aufgehende und auch untergehende Sonne wirft tolle Lichtspiele an den Himmel oder an die weißen Wolken Wie viele Menschen in unseren Tagen haben das Staunen verlernt! Die tägliche Berieselung durch das Fernsehen hat unsere Sinne betäubt, die Welt entzaubert! Wir sind erwachsen geworden: Wer zeigt noch begeistert auf den Regenbogen und atmet entzückt den Duft der Rose ein! Worüber staunen wir noch? Wofür danken wir noch?

Römer 11, Vers 36:
»Denn alles, aber auch wirklich alles ist von ihm, dem Schöpfer, ausgegangen, besteht durch ihn, und er wird alles vollenden. Ihm gehören Lob und Ehre in alle Ewigkeit.«
Gottes Gegenwart offenbart sich in dieser Welt: im Flug des Bussards, in der sanften Brise und dem wohltuenden Sommerregen, in der Urgewalt einer Sturmflut, in Beethovens fünften Klavierkonzert, in einem Kind, das im Sand spielt, in einer Frau, der der Wind durchs lange Haar streicht, im bunten Laub eines sonnigen Herbsttages, in dem ersten Grün nach einem langen kalten Winter. Diese Welt besteht nur durch Gott. Zugegeben: Es ist eine gefallene Welt. Wir haben sie gründlich niedergemacht. Und trotzdem können wir nur staunen, wenn wir mit offenen Sinnen Gottes Schöpfung wahrnehmen. Aber was tun wir statt dessen? Wir rennen durch Gottes gute Schöpfung und quasseln pausenlos. Der MP3-Player ist überall dabei, selbst bei der Radtour an einem schönen Sommertag haben einige den Knopf im Ohr. Man verlässt die Wohnung, um ein wenig Luft zu schnappen und zündet sich eine Zigarette an. Wer will da noch staunen? Gott kennen bedeutet: Staunen lernen! Danken lernen! Staunen über seine Gnade, seine Liebe, seine Fürsorge. Von Herzen wünsche ich es mir, dass Menschen das Staunen über die Größe Gottes neu entdecken und darüber zum Danken kommen. Ich wünsche mir, das Gottes Gegenwart uns bewusster wird,

wir seine Schöpfung und seine Menschen mehr wahrnehmen und staunen lernen. Wer hier anbetend zuhört und mitmacht, der staunt über den Glanz, den unser Leben bekommt! Wir sehen in unserem Alltag plötzlich Fingerzeige der Größe Gottes! Weil wir uns bewusst der Gegenwart Gottes aussetzen. Ich wünsche Ihnen und mir immer wieder Zeiten und Tage, in der es für Sie etliches zu bestaunen gibt! Es gab eine Zeit, da wurde in der Kirche gelehrt, dass man Jesus nur wirklich nachfolgen kann, wenn man die Güte, Wahrheit und Schönheit der Dinge dieser Welt leugnet. Das ist nicht die Lehre der Bibel. Die Bibel singt ein Loblied auf den Schöpfer. Und wir ehren Gott, wenn wir über seine Weisheit und Macht staunen.

Abschluss

Psalm 104

»O Herr, welch unermessliche Vielfalt zeigen deine Werke! Sie alle sind Zeugen deiner Weisheit, die ganze Erde ist voll von deinen Geschöpfen. Du lässt Gras für das Vieh wachsen und Pflanzen, die der Mensch anbaut. Er pflügt das Land, sät und erntet. So hat er Wein, der ihn erfreut, Öl, das seinen Körper pflegt, und Brot, das ihn stärkt! Singen will ich dem Herrn, solang ich lebe, für meinen Gott will ich musizieren mein Leben lang.«

Gebet

»Lieber Herr, gewähre mir die Gnade des Staunens. Überrasche mich, versetze mich in Erstaunen, fülle mich mit Ehrfurcht über jeden Winkel deines Universums. Erfreue mich damit, dass ich sehe, wo du in Menschen gegenwärtig bist, wie Jesus an zehntausend Orten spricht, durch die Gesichter der Menschen. Entzücke mich jeden Tag mit deinen zahllosen wunderbaren Dingen. Ich bitte dich nicht, dass ich den Grund für all das sehen kann; ich bitte dich nur, dass ich am Wunder all dessen teilhaben darf. Und um eines bitte ich Jesus: lass mich das Staunen und das Danken nie verlernen und vergessen.«
Amen.

Vorbereitung des gestalterischen Elementes für den Gottesdienst: Textbeitrag

Möglichkeit 1

Aus den Schilderungen der Gruppenteilnehmer mit den Elementen Feuer, Wasser, Luft und Erde jeweils einen kurzen Text zu jeweils einem Elemente zusammenstellen und diese (dann vier kurzen) Texte vortragen bzw. lesen lassen – von einer Person oder vier Personen.

Möglichkeit 2
Ein Segensgebet in Anlehnung an irische/keltische Segenssprüche in der Gruppenstunde erarbeiten, in der alle vier Elemente vorkommen. Hierfür benötigte Materialien: ein bzw. mehrere Bücher mit irischen Segenswünschen besorgen, aus denen sich die Gruppenteilnehmer Elemente zusammen stellen können zu einem neuen Text bzw. sich einfach nur davon inspirieren lassen.

DAS THEMA FÜR SENIOREN

Feuer, Wasser, Luft und Erde

Die Mehrzahl der Teilnehmer einer Seniorenstunde, die der Autor dieser Zeilen im Blick hat, setzt sich aus Mitgliedern und Freunden einer evangelischen Freikirche zusammen, die sich als Arbeitszweig dieser Gemeinde monatlich einmal treffen. Diese Feststellung ist für den Zugang zum Thema insofern bedeutsam, als dadurch die Erwartungen und Voraussetzungen der anwesenden Senioren festgelegt sind. Die Teilnehmer sind pietistisch geprägt, z.T. seit ihrer Kindheit. Biblisches Grundwissen gehört zum wesentlichen Bestandteil der Sozialisation des weit überwiegenden Teils der zu erwartenden Senioren. Daher ist nicht damit zu rechnen, dass die theologische Beschreibung vom Gott der Bibel als Urheber und Initiator der Schöpfung des Kosmos grundsätzlich in Frage gestellt wird. Dass Gott der Schöpfer ist, darf als allgemein akzeptierte Grundüberzeugung vorausgesetzt werden.
So sehr die Teilnehmer von Gott als Urheber der Schöpfung überzeugt sind, so sehr reduzieren sie vermutlich die theologische Aussage von der Schöpfung Gottes häufig auf die Alternative Schöpfung im Sinne von Kreationismus contra Evolution. Nicht selten geht dieses Verständnis der Schöpfung einher mit einer literarisch wörtlichen Interpretation der beiden Schöpfungsberichte aus Genesis 1 und 2. Dieses Verständnis führt stringent zu einem apologetischen Zugang zu Schöpfungstexten der Bibel. So wird es zum bedeutsamen Ziel unter fundamentalistischen Prämissen die Dekkungsgleichheit der Aussagen zur Schöpfung in Genesis 1 und 2 nachvollziehbar auszusagen.
Ein solches wörtliches Schöpfungsverständnis kann die primäre Aussageintention weder der beiden Schöpfungsberichte von Genesis 1 und 2 noch von Psalm 104 treffen. Dies ergibt sich zum einen aus der Historie. Als die biblischen Texte abgefasst wurden

hatten Darwin und seine Gefolgsleute noch nicht gelebt und konnten mithin noch nicht als Gegenspieler fungieren. Darüber hinaus entspricht diese Auseinandersetzung auch keineswegs den Texten selbst. Wie die exegetischen Überlegungen gezeigt haben, richtete sich Psalm 104 gegen ein polytheistisches Gottesverständnis wie es in der antiken Umwelt Israels verbreitet war. Gegen die Annahme, dass Teile der Schöpfung wie etwa die Gestirne verehrungs- und anbetungswürdige Götter waren, belehrt der Beter von Psalm 104 seine versammelte Gemeinde über die Entzauberung der Schöpfung. Dies gilt in gleicher Weise für den Schöpfungsbericht Genesis 1. Der Monotheismus Israels ließ eine Deifizierung der einzelnen Bestandteile der Schöpfung nicht zu.

Diese beiden Aspekte sind zu berücksichtigen, wenn der Stundenentwurf konzipiert wird. Es geht dabei weniger darum, die Erwartungen der Senioren zu erfüllen. Schließlich soll die primäre Aussageabsicht des biblischen Textes kommuniziert werden. Aber damit dies in einer Weise geschehen kann, dass die hermeneutische Brükke vom Text zum Hörer geschlagen wird, muss die Ausgangsposition des Hörers definiert werden.

Begrüßung

Die Teilnehmer werden eingeladen, Assoziationen zu Gottes Schöpfung zu benennen. Dies kann auch visualisiert und gesammelt werden.

Einstieg

Diashow oder Powerpointpräsentation

Die in der Begrüßung angesprochenen Assoziationen zur Schöpfung sollen durch visuelle Eindrücke vertieft werden. Präsentiert werden sollten Naturaufnahmen, die in Relation zu den Elementen Feuer, Wasser, Luft und Erde stehen. Um die Assoziationsfähigkeit der Senioren zu erhöhen, bietet es sich an, die Aufnahmen schwerpunktmäßig auf Bilder aus der geographischen Umgebung des Wohnortes der Teilnehmer zu beschränken. Bildmaterial von fernen Urlaubsreisen in von den Senioren als exotisch empfundenen Ländern bewirken zwar ein höheres Maß an Erstaunen, fördern aber weniger Identifikation. Heimatnahe Bilder dagegen können bewirken, dass die Bildbetrachter anschließend aufmerksamer spazieren gehen. Sie wollen das selbst entdecken, was der Fotograph gezeigt hat.

Eine visuelle Präsentation hat in diesem Stadium des Gestaltungsentwurfs auch die Funktion, die Teilnehmer auf die inhaltlichen Ausführungen zu Psalm 104 vorzubereiten. Da, wie oben angemerkt, die Teilnehmer von Gott als Schöpfer des Kosmos ausgehen, fällt es leicht, Staunen erweckende Naturaufnahmen mit Gott als dem Urheber dieser Schönheit zu assoziieren. Der Gruppenleiter sollte dies durch punktuelle Anmerkungen unterstreichen.

Gespräch

Es bietet sich an, einen kurzen Gesprächsgang einzufügen, wo die Senioren ihre eigenen Naturerfahrungen austauschen können. Senioren, die körperlich noch mobil sind, machen vermutlich mehr Erfahrungen von Natur, etwa bei Spaziergängen und Wanderungen, als Menschen, die im Arbeitsprozess stehen. Dieses Erfahrungspotenzial sollte genutzt werden.

Hinführung und Vertiefung

Sonnengesang des Franziskus von Assisi

Im Folgenden soll mit den Senioren in einer Gesprächsrunde der Sonnengesang des Franziskus von Assisi mit den Aussagen von Psalm 104 verglichen werden. Durch den Vergleich sollen die spezifischen Aussagekonturen von beiden Texten herausgearbeitet werden. Damit dies gelingen kann empfiehlt es sich für den Leiter eine kurze biographische Einführung zu Franziskus von Assisi zu geben. An dieser Stelle ist es ausreichend auf die einschlägigen Quellen für seine Lebensgeschichte zu verweisen. Eine kurze und komprimierte Zusammenfassung der Biographie bieten: Franziskus von Assisi, in Die Religion in Geschichte und Gegenwart, Band 2, Tübingen: J.C.B. Mohr (Paul Siebeck), 1986, 3. Auflage, Seiten 1057-1058 und Ökumenisches Heiligenlexikon, im Internet freier Zugriff unter www.heiligenlexikon.de/Biographien. In diesem Kontext ist auf die auch in christlichen Kirchen vorhandene Tendenz zur Heiligenlegende hinzuweisen. Die überlieferten biographischen Daten sind durch historisches Quellenstudium weitgehend sicher. Dagegen werden bei einer so wesentlichen kirchengeschichtlichen Person wie Franziskus von Assisi eine Vielzahl von Legenden tradiert. Erfahrungsgemäß sind es genau diese Legenden, die in der Erinnerung der Mitglieder des Seniorenkreises präsent sind. Zu diesen Legendenbildungen gehört auch die Entstehung des Sonnengesanges. Die Legende besagt, dass Franziskus mit seinen Ordensbrüdern unterwegs war und eine große Vogelschar sah. Daraufhin ließ er seine Brüder zurück, um den Vögeln zu predigen. Ob der Sonnengesang in diesen Kontext gehört, vermag der Autor dieser Zeilen nicht zu beurteilen. Jedenfalls erklärt sich der Sonnengesang inhaltlich auf dem Hintergrund dieser Legende.

Sonnengesang

Du höchster, mächtigster, guter Herr,

Dir sind die Lieder des Lobes,
Ruhm und Ehre und jeglicher Dank geweiht;
Dir nur gebühren sie, Höchster,
und keiner der Menschen ist würdig, Dich nur zu nennen.

Gelobt seist Du, Herr, mit allen Wesen, die Du geschaffen,
der edlen Herrin vor allem, Schwester Sonne,
die uns den Tag heraufführt und Licht mit ihren Strahlen,
die Schöne, spendet; gar prächtig in mächtigem Glanze:
Dein Gleichnis ist sie, Erhabener.

Gelobt seist Du, Herr,
durch Bruder Mond und die Sterne.
Durch Dich sie funkeln am Himmelsbogen
und leuchten köstlich und schön.

Gelobt seist Du, Herr,
durch Bruder Wind und Luft und WoLukase und Wetter,
die sanft oder streng, nach Deinem Willen,
die Wesen leiten, die durch Dich sind.

Gelobt seist Du, Herr,
durch Schwester Quelle:
Wie ist sie nütze in ihrer Demut,
wie köstlich und keusch!

Gelobt seist Du, Herr,
durch Bruder Feuer,
durch den Du zur Nacht uns leuchtest.
Schön und freundlich ist er am wohligen Herde,
mächtig als lodernden Brand.

Gelobt seist Du, Herr,
durch unsere Schwester, die Mutter Erde,
die gütig und stark uns trägt
und mancherlei Frucht uns bietet
mit farbigen Blumen und Matte.

Gelobt seist Du, Herr,
durch die, so vergeben um Deiner Liebe willen
Pein und Trübsal geduldig tragen.

Selig, die's überwinden im Frieden:
Du, Höchster, wirst sie belohnen.

Gelobt seist Du, Herr,
durch unsern Bruder, den leiblichen Tod;
ihm kann kein lebender Mensch entrinnen.
Wehe denen, die sterben in schweren Sünden!

Selig, die er in Deinem heiligsten Willen findet!
Denn Sie versehrt nicht der zweite Tod.
Lobet und preiset den Herrn!
Danket und dient Ihm in großer Demut!

Damit die Senioren am Gesprächsverlauf besser und intensiver partizipieren können, werden Arbeitsblätter vorbereitet, wo der Text des Sonnengesanges und der Text von Psalm 104 parallel gedruckt sind. Beim Sonnengesang sollte aus didaktischen Gründen jeweils eine Strophe von einem anderen Teilnehmer gelesen werden.

Das vergleichende Gespräch soll Gemeinsamkeiten und Differenzen herausarbeiten. Gemeinsam ist beiden Texten, dass Gottes Ehre herausgestellt wird. Der Sonnengesang bringt dies in der 1. Strophe deutlich zum Ausdruck. Der Unterschied zu Psalm 104, Verse 1-2.24.35b besteht primär in der Darstellung der Schöpfungselemente. Franziskus personifiziert die Schöpfungselemente und stellt sie mit der Anrede »Bruder« bzw. »Schwester« ausdrücklich auf eine Stufe mit dem Geschöpf Mensch. Er wertet sie auf. Psalm 104 dagegen stellt die Subordination der Elemente unter Gott in den Fokus. Die Schöpfungselemente haben eine dienende Funktion gegenüber dem Menschen und noch mehr dienen sie dem Lob des Schöpfers.

Andacht zu Psalm 104

In diesem Stadium der Gruppenstunde ist der Text den Senioren bereits vertraut aus dem Vergleich zwischen dem Sonnengesang und Psalm 104. Eine vollständige Lesung des Textes ist daher nicht mehr erforderlich. Um die wesentlichen Aspekte des Textes zu erfassen, scheint es ratsam, den Psalm für die Andacht in einzelne Textbausteine zu zerlegen und dann auf die relevanten Textteile die Aufmerksamkeit zu richten.

Verse 1-4: Die Schöpfung erinnert an den Schöpfer
Hier erfolgt eine kurze Zusammenfassung der exegetischen Anmerkungen zu den Ver-

sen 1-4. Insbesondere sind einige erläuternde Hinweise zur Bedeutung der metaphorischen Terminologie und zum antiken Weltbild erforderlich. Dies dient dazu, den Senioren zu verdeutlichen, dass dieser antike Text für moderne Menschen eine gewisse Relevanz behalten hat. Die Schöpfungselemente haben den Auftrag, den Schöpfer zu beschreiben. Diese dienende Funktion macht die Diskrepanz zwischen den antiken Religionen aus der Umwelt Israels und der biblischen Tradition deutlich.

In einem kurzen Gesprächsgang soll herausgefunden werden, wo der Text Relevanz für Menschen in einer westlichen Gesellschaft im 21. Jahrhundert haben kann. Dem Autor dieser Zeilen scheint diese Relevanz in einer neuen Entdeckung und Wahrnehmung der Natur zu liegen. In einer vorwiegend städtischen Lebenswelt der Teilnehmer geht die natürliche Wahrnehmung der Schöpfung möglicherweise verloren.

Wenn sich die Gruppe auf den Text von Psalm 104 einlässt, dann kann die Entdeckun und Wahrnehmung aber allenfalls ein Zwischenziel sein. Das eigentliche Ziel der Verse 1-4 ist, den Schöpfer zu identifizieren. So kann ein Ziel der Andacht zu Psalm 104 darin bestehen, die Senioren anzuleiten, bei einem Spaziergang in der Natur das staunende Wahrnehmen der Spuren des Schöpfers zu entdecken.

Verse 19-23.25-26: Die Schöpfung dient dem Menschen
Stand im ersten Teil die staunende, meditative Wahrnehmung des Schöpfers in seiner Schöpfung im Vordergrund, so rückt nun die, im exegetischen Teil angedeutete Bedeutung der Schöpfungselemente für den Menschen in den Blickpunkt. Die Gestirne regeln den menschlichen Rhythmus von Ruhe und Arbeit. So ermöglichen sie dem antiken Menschen die erforderlichen Tätigkeiten für die Erhaltung des Lebensunterhaltes zu tun. Die Tatsache, dass es sich hier nicht um eine zoologische Beschreibung der Lebensgewohnheiten der wilden Tiere handelt, zeigt dass die Terminologie metaphorische Beschreibungen darstellt. Das Meer ermöglicht den Transport von Kulturgütern. Damit werden diese in der Umwelt Israels verehrten Mächte entmythologisiert und entzaubert.

Die Diskrepanz zwischen der Arbeitssituation der Menschen im antiken Israel und den Menschen in einer modernen Industriegesellschaft ist offenkundig. Der moderne Mensch ist an den Wechsel von Tag und Nacht nicht mehr in der Weise gebunden wie es der antike Mensch war. In einem Zeitalter des globalen Datentransfers übt die Tageszeit keinen oder besser kaum einen Einfluss auf die Arbeitsfähigkeit des Menschen aus. Solche kulturellen Differenzen sind herauszustellen, um den Inhalt der Andacht nicht der Lächerlichkeit preiszugeben und das Nachdenken der Senioren über diesen Bibeltext unmöglich zu machen oder mindestens erheblich zu erschweren.

Trotz dieser zeitbedingten Einschränkung scheint der Text von Psalm 104 auch im hier verhandelten Teil für den modernen Leser relevant zu sein. Veröffentlichungen über Ladenöffnungszeiten, Wochenendarbeit und Schichtarbeit in der aktuellen Tagespresse deuten an, dass in modernen Gesellschaften nur scheinbar die Problematik aus den Versen 19-26 gelöst ist. Die Reflexion von Psalm 104 kann dazu motivieren, neu wahrzunehmen, dass die Schöpfungselemente zum Nutzen des Menschen geschaffen wurden (vgl. Genesis I,28). Die Gesellschaft, die sich über diese Grundsätze hinwegsetzt, tut dies zum eigenen Schaden.

Psalm 104 insgesamt, besonders Verse.
1.24.35b: Die Schöpfung lädt ein zum Lob des Schöpfers
Die Aufforderung zum Lob des Schöpfers fungiert wie eine Klammer, welche die einzelnen Bestandteile des Textes zusammenhält. Der Mensch, der Gott als Schöpfer wahrnimmt, wird zum Lob Gottes aufgefordert bzw. fordert sich selbst dazu auf. Dies geschieht, wie in den exegetischen Anmerkungen erwähnt, vor dem Forum einer zum Festgottesdienst versammelten Gemeinde.

Auf diesem Hintergrund stellt sich die Frage nach der christlichen Veranstaltungspraxis. Ein Gottesdienst oder eine Seniorenstunde sollte zur Freude über Gottes Schöpfung einladen. Beim aufmerksamen Studium der Psalmen fällt auf, dass die antiken Beter Gott mit der ganzen Bandbreite menschlicher Erfahrungswirklichkeit konfrontiert haben. Manchmal geschehen kirchliche Veranstaltungen im westlichen Kulturraum dagegen in bewusster Weltabgewandtheit. Die Reflexion von Psalm 104 ermutigt, die Erfahrungen von Wirklichkeit im Gottesdienst zu integrieren. Psalm 104 ist ein Lobpsalm und lädt mithin zum Lob Gottes ein. Es sei nur am Rande angemerkt, dass der Psalter auch zahlreiche Beispiele enthält, wo Menschen vor Gott und der Gemeinde geklagt haben.

Abschluss

Gemeinsamer Spaziergang
Falls dies unter örtlichen und witterungsmäßigen Gegebenheiten möglich ist, bietet es sich an mit der Seniorengruppe eine kurze Naturerfahrung, etwa in Form eines kurzen Spazierganges einzuplanen. Idealerweise geschieht dies in einer Landschaft, wo Schöpfungselemente, die in Psalm 104 eine Rolle spielen, wahrnehmbar sind.

Vorbereitung des gestalterischen Elementes für den Gottesdienst: Erlebnisbericht

Der Spaziergang wird mit einem kurzen Text unter dem Motto: »Was ich auf einem Spaziergang sehe« beschrieben und im gemeinsamen Gottesdienst vorgetragen.

GEMEINSAMER GOTTESDIENST

Thema: »Feuer, Wasser, Luft und Erde«

Eröffnungslied: In Gottes Haus sind offene Türen
Text & Musik: Hella Heizmann © 1993
Auf CD/MC »HELLA FÜR MINIS«
Verlag Schulte & Gerth, Asslar, 1993

Begrüßungsmoderation mit Bezug zum Eingangslied und Lesung des dem Gottesdienstmotto zugrunde liegenden Bibeltextes und evtl. Eingangsgebet

(Interaktive)Aktion der Gruppe TEEN/JUGEND zum Thema
Großbild und Meditation

Gebet / Lied / liturgischer Text der Guppe KINDER zu Psalm 104

Gemeinsames Lied

Textvortrag der Gruppe ERWACHSENE (MANN/FRAU)
»Erlebnisse mit den Elementen«

Lobpreiszeit / Gebetszeit

Textvortrag der SENIOREN
»Was ich auf einem Spaziergang sehe«

Predigt / Ansprache

Gemeinsames Lied

Segen

JESU GEBURTSTAGSFEST

Biblischer Text: Hosea 14,9, Lukas 2, 1-21

EINLEITENDE TEXTBETRACHTUNG HOSEA 14,9

Die Wirksamkeit des Propheten Hosea fällt in eine für die Geschichte des Nordreiches sehr bewegte Zeit. Seine frühe Predigttätigkeit fällt in die Regierungszeit Jerobeams II. (787-747 v. Chr.). Das war eine wirtschaftlich prosperierende Epoche, allerdings mit extremen sozialen Entartungen. Davon zeugt vor allem der Prophet Amos (Amos 2,6-7 u.v.a.), der nur wenig früher zu datieren ist. Hoseas mittlere Wirksamkeit fällt zusammen mit dem sog. Syrisch-efraimitischen Krieg (733 v. Chr.). Die letzten Jahre von Hoseas prophetischer Tätigkeit sind die letzten Jahre der relativen Unabhängigkeit Samarias. Allerdings kann diese Datierung der einzelnen Traditionsteile nur mit äußerster Vorsicht und dem Versuch der Annäherung durchgeführt werden.

Die Endgestalt des dem heutigen Leser vorliegenden Textes hat eine längere Kompositionsgeschichte durchlaufen. Die zu rekonstruieren ist hier nicht der Ort. Hier sei nur darauf hingewiesen, dass sich der frühe Grundbestand aus parallel überlieferten Traditionen zusammensetzt (4,4-19; 5,1-7; 5,8-7.16; 8,1-13), die später zusammengelegt wurden. Dazu ist in einem späteren Zeitraum der Text Kap. 12-14 hinzugefügt worden. Die Redaktionsarbeit nahmen vermutlich Schüler des Propheten wahr. »Für den Ausleger der Worte heißt all dies, dass er nur in seltenen Fällen unmittelbaren Zugang zur mündlichen Verkündigung des Propheten besitzt.« (Jörg Jeremias, Der Prophet Hosea, Göttingen: Vandenhoeck & Ruprecht, 1983, S.19)

Der Vers Hosea 14,9 gehört zu dem Schlusswort des Hoseabuches. Dieser kurze Text lässt sich, das ist bereits in der deutschen Übersetzung leicht zu erkennen, in zwei parallele Doppelsätze trennen. Vers 9 wird eröffnet mit einer rhetorischen Frage, die die von Hosea bekämpfte Verehrung der Fremdgötterkulte ad absurdum zu führen versucht. Der aufmerksame Leser ist sich sicher, was die richtige Antwort auf diese Frage ist. Es folgt, sich logisch anschließend, eine Erhörungsgarantie. Dem folgt ein botanischer Vergleich. Schließlich endet der Vers mit einer Fruchtgarantie.

Ephraim, was sollen dir weiter die Götzen?
Die Eröffnung von Hosea14,9 bekommt durch die rhetorische Frage einen drängenden

Tenor. Die Zielrichtung des Textes versucht, Israel zu motivieren, das Vertrauen nicht weiter auf die Supermacht Assyrien zu setzen (V. 4), sondern sich vielmehr zu Jahwe zu bekehren (Vers 2). Berücksichtigt der Exeget den literarischen Zusammenhang, dann liegt die Intention von Hosea 14,9 auf der Linie der Theologie der königskritischen Tradition des AT. Die Kritik am Königtum ist aber nicht mehr so explizit ausgeführt wie etwa in der Jotamfabel (Richter 9,8-15) oder in den warnenden Worten des greisen Samuel (1 Samuel 8). Das zeigt, dass der Autor wie selbstverständlich von der Existenz und dem Fortbestand des Königtums ausgeht. Diese Erörterungen zum Königtum ergeben sich aus dem Textzusammenhang. Was dadurch etwas in Vergessenheit gerät, ist, dass sich die rhetorische Frage explizit gegen die durch das Vertrauen auf Assyrien bedingten Fremdgötterkulte bezieht. Der Autor stellt heraus, dass die Götter der Fremdvölker nichts tatkräftig bewirken können. Diese Art der Beweisführung erinnert an die Karmelperikope (1 Könige 18). Auch nach diesem Text wurde mit der Fähigkeit zum wirkmächtigen Eingriff des Gottes von Elia bzw. des Baal in die empirisch wahrnehmbaren Naturabläufe die Frage entschieden, wer mit Recht der wahre (meint der wirkmächtige) Gott sei.

Ich will dich erhören und führen

Was eben negativ angedeutet wurde (Polemik) gegen die Fremdgötter, wird im zweiten Satzteil positiv ausgedrückt. Jahwe legt sich hier fest, dass er die Gebete seiner Anhänger erhören wird. Wieder wird Rückgriff auf die empirischen Gotteserfahrungen genommen. In Chronologie der historischen Abläufe in Israel hat sich diese Verheißung noch nicht erfüllt.

Ich will sein wie eine grünende Tanne

Die Metapher des Baumes ist in mehrfacher Hinsicht beachtenswert. Der Baum steht für Lebensbaum, der meist als »stilisierte Palme« dargestellt wird (Ute Neumann-Gorsolke/Peter Riede (Hg.), Das Kleid der Erde: Pflanzen in der Lebenswelt des alten Israel, Neukirchen-Vluyn: Calwer Verlag u. Neukirchener Verlag, 2002, S.246). Vermutlich ist an dieser Stelle die grünende Zypresse gemeint.

Es ist signifikant, dass Hosea 14,9 die einzige Stelle ist, wo der Baum als Metapher für Gott gebraucht wird. Darüber hinaus ist es auffällig, dass der Vergleich gerade im Buch Hosea verwendet wird. Denn in Hosea wird eine vehemente Auseinandersetzung mit den Fruchtbarkeitskulten und einem pantheistischen Naturverständnis geführt. Die Abwehr solcher Missverständnisse wird daran deutlich, dass der Autor den Baum in 14,9 aus der Alltagserfahrung herausgehoben hat. Es wird eine immergrünende Zypresse kombiniert mit einem Fruchtbaum. Die Zypresse steht für Überleben und Ewigkeit, während der Fruchtbaum die Bewohner der Erde mit Nahrung versorgt.

Von mir erhältst du deine Früchte
Die Fortsetzung der Lebensbaummetapher führt stringent zur Verheißung von Frucht am Lebensbaum. Gott legt sich durch diese Verheißung fest. Wenn der Ausleger den parallelen Aufbau von V. 9a und V. 9b zugrundelegt, dann deutet sich folgende Botschaft von Hosea 14,9 an: Israel wird aufgefordert, den Fremdgöttern abzusagen. Falls Israel diese Bedingung einhält, wird Jahwe Israels Gebete erhören. Insoweit folgt der Text dem Grundsatz des Tun-Ergehens-Zusammenhanges und ist geprägt von der Weisheitsliteratur.

DAS THEMA FÜR KINDER

Jesu Geburtstagsfeier

Die Weihnachtszeit ist die Zeit, in der Kinder die meisten christliche Traditionen und Gewohnheiten erleben. Sie hören die Weihnachtsgeschichte in Schule, Kindergarten und Kindergottesdienst. Sie üben Krippenspiele ein, hören Weihnachtslieder, schmücken Adventskränze und Weihnachtsbäume. Sie backen Plätzchen, basteln Laternen und erwarten den Nikolaus. Gleichzeitig ist diese Zeit oft gefüllt mit einem Dauerstress, denn Kinder haben heute genauso viele Termine in der Adventszeit wie wir Erwachsene. Außerdem werden in der Vorweihnachtszeit noch die letzten wichtigen Prüfungen geschrieben für das Halbjahreszeugnis. Das sind alles Dinge, die wir berücksichtigen müssen, wenn wir in dieser Zeit einen Gottesdienst planen .Das heißt, wir greifen uns nur ein wichtiges Thema heraus, das wir mit den Kindern bearbeiten wollen: »Jesus wurde geboren als Licht der Welt«.

Wir werden darin Platz haben für ihre Fragen, wir nehmen uns Zeit für die Kinder und ihre Anliegen. Wir werden sie nichts Zusätzliches auswendig lernen lassen, sondern sie dürfen das, was wir ihnen vermittelt haben und was sie selber verstanden haben, im gemeinsamen Gottesdienst vortragen. Auf Dauer genügt es nicht, dass Kinder das Weihnachtfest einfach immer nur mitmachen, ohne die Inhalte und Werte darin zu kennen. Solange sie nicht die Hintergründe unserer christlichen Bräuche kennen, können sie darin auch kein eigenes Erleben entwickeln. Sie müssen von der Weihnachtsgeschichte berührt werden, sonst werden sie Weihnachten betrachten als das, was es in unserer Gesellschaft geworden ist: Kommerz, Gefühlsduselei, Stimmungsmache und Äußerlichkeit.

Dazu ist das lebende Vorbild der Erwachsenen noch wichtiger als die Vermittlung von Inhalten. Hier sind Eltern, Erzieher und Kindergottesdienstmitarbeiter gefragt. Wenn wir uns nicht nur von Hektik und Perfektionismus treiben lassen, sondern eine Beziehung haben zu dem Jesus, der das Licht für die Welt geworden ist, dann können wir auch erzählen, was das für uns bedeutet. Auf diesem Hintergrund werden christliche Traditionen wieder lebendig. Dabei ist es sehr hilfreich im Austausch mit den Kindern zu sein und nicht nur eine »Frontalstunde« zu halten. Die Kinder erleben in der Adventszeit sehr viel, sind recht angespannt und haben ein großes Mitteilungsbedürfnis. Wenn wir diese Gesprächsbereitschaft richtig nutzen können wir viel Wertvolles weitergeben. Sie lieben ja schließlich Geburtstagsfeste, am meisten ihr eigenes und können sich von daher schon mit dem Weihnachtsfest und dem Kind in der Krippe sehr gut identifizieren. Außerdem finden sie einen guten Zugang zu den christlichen Weihnachtstraditionen wie Kerzenschein, Duft von Tannenzweigen und Plätzchen, Geschichten vorlesen und Singen. Sie lassen sich gerne auf diese Dinge ein und sind bereit, alles Thematische dazu aufzunehmen.

Wenn wir uns nun in der Vorbereitung zum Gottesdienst mit dem Licht der Welt beschäftigen wollen, legen wir damit einen Schwerpunkt in der Weihnachtsgeschichte. Wir suchen in der Weihnachtsgeschichte und in unseren Traditionen zur Weihnacht alles, was mit Licht zu tun hat. Dazu können die Kinder ihr eigenes Erleben mit dem Element Licht einbringen, wir sprechen über die Eigenschaften des Lichtes und es wird in den Gegensatz zum Thema Dunkelheit gestellt. Licht ist stärker als die Dunkelheit, es vertreibt die Dunkelheit. Es gibt uns Orientierung und Halt, es nimmt die Angst und gibt Geborgenheit, es lässt uns alles genau erkennen, es wärmt uns und erhält uns am Leben. Genauso will Jesus für uns sein. Hier kann man gut eine Übertragung einfügen: »Dunkelheit ist wie … Traurigkeit, Angst, Bedrohung usw. Licht ist wie … Freude, Wärme, Lachen, Nähe usw. Jesus ist für mich wie das Licht. Er ist geboren, damit es in meinem Leben Licht gibt.

Begrüßung und Singen

Wir begrüßen die Kinder und erklären ihnen, dass wir heute einen Kindergottesdienst zum Geburtstagsfest von Jesus machen. Gleichzeitig weisen wir sie auf den gemein-

samen Gottesdienst hin, in dem die Kindergruppe auch etwas darbieten wird. Wir singen zusammen ein paar Lieder zum Thema: Jesus ist geboren als das Licht der Welt. Dabei verraten wir aber noch nicht das Thema Licht.
Lieder: Du bist das Licht der Welt; Macht die Türen auf, macht die Tore weit; Wir sagen euch an den lieben Advent; Ein Baby ist geboren

Hinführung zum Thema Licht

Rätselreime Weihnachten und Licht
Mehrere Rätselreime werden gestellt, die die Kinder erraten sollen:

In der Vorweihnachtszeit stehe ich auf dem Tisch.
Aus Zweigen geflochten, ich dufte so frisch.
Mit roten Bändern bin ich geschmückt,
von meinen Kerzen ist jeder entzückt.
Zuerst brennt eine, dann zwei, drei, vier.
Dann steht das Christkind vor der Tür.
(Adventskranz)

Du siehst mich am Abend und in der Nacht.
Ich habe über dem Stall gewacht.
Die heiligen Könige folgten mir gern.
Sie fanden im Stall den König, den Herrn.
(Weihnachtsstern)

Ich bin ein kleines Männchen
mit einem runden Kopf.
Und streicht man mir das Köpfchen
dann brennt der ganze Schopf.
(Streichholz)

Ich kenn ein Bäumchen, gar fein und zart.
Das trägt viele Früchte seltener Art.
Es funkelt und leuchtet mit hellem Schein
weit in die Winternacht hinein.
Das sehen die Kinder und freuen sich sehr
und pflücken vom Bäumchen und pflücken es leer.
(Weihnachtsbaum)

Wenn es draußen dunkel wird und die Nacht beginnt,

mach ich's hell im Zimmer hier auch für dich, mein Kind.
(Kerze)

Wir lassen die Kinder alle Rätsel raten und fragen sie dann, womit alle diese Dinge zu tun haben. Natürlich kommt die Antwort: »Mit Weihnachten«. Aber wir wollen auch hören, dass sie alle auch mit dem Licht zu tun haben.

Schlüsselvers

Dann lassen wir sie den Schlüsselvers der Einheit raten. Den Vers aus Johannes 8,12 teilen wir dazu in unterschiedliche, einzelne Satzteile und legen diese wie ein Puzzle auf dem Tisch oder dem Boden aus.
Die Kinder sollen diesen Vers ein paar mal gemeinsam sagen. Wir erklären ihnen, dass Jesus diesen Satz über sich selber gesagt hat, als er Erwachsener war und auf der Erde gelebt hat. Deshalb ist er auf die Erde gekommen, um für unser Leben das Licht zu sein. In der Weihnachtszeit gibt es auch viele Lichter, darüber hatten wir schon vorher gesprochen. Wir fragen die Kinder, ob sie auch Lichter aus der Weihnachtsgeschichte kennen. Dabei kommt das Gespräch auf den Weihnachtsstern und die Engel bei den Hirten. Bei beiden wurde Jesus als das Licht der Welt angekündigt.

Vertiefung

Wir nehmen das Sketchbord /Overhead und lassen die Kinder tätig werden. Sie dürfen zu der Frage: »Was habe ich mit Licht schon erlebt?« abwechselnd ein kleines Symbol malen, das die anderen Kinder raten (ähnlich Montagsmaler) müssen. Dann soll der Künstler erzählen, welches Erlebnis er schon mit Licht hatte. Wenn mehrere Kinder dran waren, machen wir mit den Kindern ein simples Experiment: Wir ziehen die Fenster zu und knipsen dann das Licht an. Das Licht vertreibt die Dunkelheit. Wenn wir zuerst das Licht anmachen und dann die Vorhänge zumachen, vertreibt die Dunkelheit nicht das Licht. Dasselbe können wir auch mit einer Taschenlampe unter einem zugedeckten Tisch machen. Die Kinder sehen: Das Licht ist stärker als die Dunkelheit. So ist es auch mit Jesus.

Wir fragen die Kinder, wie Licht für sie ist. Dafür sollen sie den Satz vervollständigen »Licht ist für mich wie ...«. Es sollen Aussagen kommen wie »die Sonne«, »Wärme«, »Freude«, »Lachen« usw. Danach sollen sie den Satz vervollständigen »Dunkelheit ist für mich wie...« Es sollen Aussagen kommen wie »Angst«, »Traurigkeit«, »Bedrohung«, »Streit« usw. Wir erklären ihnen noch einmal, dass Jesus wie das Licht ist, z.B.

Jesus gibt Freude, die meine Traurigkeit vertreibt usw. Hier ist es wichtig, dass die Mitarbeiter eigene Glaubenserfahrungen mit Jesus erzählen und sie mit den Bildern Licht und Dunkelheit verbinden.

Geschichte: Abenteuer in einer Höhle.
Christine ist es schon etwas mulmig zumute. Da steht sie nun am Eingang der Höhle. Lange hatte sie Papa angebettelt, mit den anderen auf diese Höhlenwanderung gehen zu dürfen. Es wird bestimmt furchtbar spannend. Jetzt ist es ihr beinahe zu spannend. Wie gut, dass Papa ihr die Hand anbietet. Dann braucht sie nicht danach zu fragen. So stapfen sie gemeinsam los. Ihre Stimmen klingen dumpf und ganz komisch. Es wird immer kälter und es tropft von der Decke. »Wir dürfen auf keinen Fall den Weg verlassen!«, hört sie den Höhlenführer sagen. Sie kommen in eine große Grotte. Dort fließt ein kleiner Bach. Es ist wirklich sehr aufregend. Der Höhlenführer leuchtet mit seiner starken Taschenlampe die Wände an und überall funkelt und glitzert es. Christine ist begeistert. Schade, dass man hier nicht wohnen kann. Ihre Wände zu Hause haben nur langweilige Tapete. Hier ist es wie im Palast. Es ist wunderschön, findet Christine »Hier möchte ich wohnen!«, ruft sie – und versteht gar nicht, warum die anderen lachen. »Wirklich?«, fragt der Höhlenführer. »Dann pass mal auf! Macht mal alle eure Lampen aus!« Einer nach dem anderen knipst die Lampe aus. Da wird es kohlrabenschwarz. So furchtbar dunkel, dass nichts mehr funkelt. Christine kann noch nicht mal die Hand vor Augen sehen, wenn sie die an der Nase reibt. Furchtbar! »Willst du jetzt immer noch hier wohnen?«, fragt der Höhlenführer. »Nein, ich glaube, lieber doch nicht!«, antwortet Christine. »Jetzt weiß ich, warum mein Zimmer doch der schönere Platz zum Wohnen ist. Da scheint die Sonne in mein Fenster! »Jetzt hast du es aber mit der Angst gekriegt«, lachen die anderen, als sie ihre Lampen wieder einschalten. »Nö«, antwortet Christine, »ich war doch an Papas Hand. Da kann mir nichts passieren. Und er hat doch auch eine Lampe. Die schaltet er ein, wenn ich Angst kriege.

Bastelarbeit

Die Kinder basteln einen weihnachtliches Teelicht.
Material: Teelichter, Motiv-Stanzer (Bastelladen).
So geht's: Aus bunter Klebefolie werden mit einem Stanzer weihnachtliche Motive ausgestanzt. Das Teelicht wird mit den ausgestanzten Motiven beklebt. Das Teelicht und den Lernvers können sie als Andenken mit nach Hause nehmen. Ggf. kann es auch für die Gottesdienstgestaltung Verwendung finden (z.B. als Geschenk an Gäste)

Vorbereitung des gestalterischen Elementes für den Gottesdienst: Lichtbringer

Es werden die Elemente verwendet, die in der Erarbeitungsphase im Gespräch mit den Kindern wichtig wurden. Die Kinder sollen die Möglichkeit erhalten, diese vorzutragen. Die Kinder sammeln sich in einem Neben- oder dem Vorraum. Jeder bekommt eine Taschenlampe oder ein Knicklicht. Während dessen wird der Gottesdienstraum verdunkelt. Die Kinder gehen in den Gottesdienstraum auf die Bühne und singen dabei das Lied »Macht die Türen auf, macht die Herzen weit ...« o.ä..

Die Kinder lesen die Rätsel vor und lassen sie von den Gottesdienstbesuchern beantworten.

Zuletzt wird die Frage gestellt, womit all diese Dinge zu tun haben: Das Licht. Ein Mitarbeiter liest die Bibelstelle Johannes.8,12 vor und erklärt, dass Jesus geboren ist, um für uns zum Licht zu werden. Die Kinder bringen jetzt ihre Erarbeitung ein. Sie erzählen, was sie mit dem Thema Licht erlebt haben und/oder was ihnen Licht bedeutet (je nachdem, was in der Erarbeitungsphase der Schwerpunkt war).

DAS THEMA FÜR JUGENDLICHE

Jesus hat Geburtstag

Die Jugendlichen sollen die Überraschung, das Geheimnis, die Kraft und die lebensbringende Veränderung der guten Botschaft erleben.

Einstieg

Alle treffen sich im Gemeinderaum mit warmen Anziehsachen. Dann bekommen sie vom Leiter ein kleines Notizbuch und einen Kuli. Der erste Teil der Gruppenstunde findet in einer nahegelegenen Fußgängerzone statt. Jeder bekommt die Aufgabe »literarische Fotos« zu schießen. Das heißt, jeder Jugendliche soll mindestens zehn Kurzbeschreibungen machen (zum Beispiel: Ein Oma mit zwei Handtaschen, den Blick nach unten, eilend. Ein Mann mit Händen in den Jackentaschen, den leeren Blick nach vorne gerichtet, usw.). Wenn die Jugendlichen eine Notiz gemacht haben, dann sollen sie leise für jeden beten: »Siehe ich verkündige dir große Freude. Dir ist heute der Heiland geboren.« Die Botschaft des Engels für die Hirten wird so lebendig. Die Jugendlichen werden zu stillen Boten.

Vertiefung

Nach 45 Minuten treffen sich alle zu heißem Kakao im Gemeinderaum. Dann suchen alle die drei eindrücklichsten »Fotos« aus. Der Leiter sammelt die Texte auf einem Blatt und fügt hinter jedem die Sätze »Siehe ich verkündige dir große Freude. Dir ist heute der Heiland geboren.«

Dann lesen alle gemeinsam den Text und reden über das, was sie dabei gesehen und empfunden haben. Für diesen Austausch wird ausreichend Zeit eingeplant.

Abschlussfrage: Was passiert, wenn sie dem Heiland begegnen und er ihnen begegnet? Jeder nennt ein kurzes Bild, dass er dabei hat, ohne es aufzuschreiben.

Vorbereitung des gestalterischen Elementes für den Gottesdienst: Textbeitrag

Für den Gottesdienst tippt der Leiter die Texte ab und teilt jeweils den Texten die Namen der »Fotografen« zu. Dann bekommt jeder Jugendliche vor dem Gottesdienst den Text. Abwechselnd werden sie dann ihre »Fotos« inklusive die zwei Sätze des Engels vorlesen.
Die Lesung endet mit: *Ehre sei Gott in der Höhe und Friede auf Erden und den Menschen seines Wohlgefallens.*

DAS THEMA FÜR ERWACHSENE

Jesus hat Geburtstag

Die Einheit ist gedacht für Erwachsene, die mittlerweile schon einige Weihnachtsfeste erlebt haben und sicherlich auch eine gewisse Routine bzw. »Hörroutine« gegenüber den typischen weihnachtlichen Texten und Bräuchen entwickelt haben. In der Regel (Ausnahmen bestätigen sie) feiert diese Generation Weihnachten gerne. Häufig sind

Kinder im Haus, mit denen sich bestimmte familiäre adventliche und weihnachtliche Traditionen entwickelt haben bzw. gesellschaftliche Traditionen werden hier individuell weitergeführt. Diese Generation – zumindest innerhalb christlicher Gemeinden – weiß, worum es an Weihnachten geht, hat sich aber schon lange nicht mehr elementar mit dem Geschehen beschäftigt. Mit der Gestaltung dieser Gruppenstunde sollten die Teilnehmer neu überrascht werden vom Weihnachtsgeschehen. Sie sollten am Ende neu registriert haben, »Weihnachten ist Party für Jesus«. Wir feiern einen Geburtstag. Den Geburtstag von Jesus. Die tatsächliche Menschwerdung Gottes in Gestalt seines Sohnes Jesus Christus. Und sie haben allen Grund diese Party zu feiern. Weil Jesus auch für sie geboren wurde, Mensch wurde

Die Menschen dieser Altersgruppe waren in der Regel in einer Zeit Kinder und Teenager, in denen das Feiern des Weihnachtsfestes, insbesondere des Heiligen Abends, mit vielen Geschenken verbunden war und, wenn Kinder im Haus sind, auch häufig noch so ist. Aber warum das so gehandhabt wurde und wird, trat und tritt bei den Familienfeiern häufig in den Hintergrund. In dem hier verwendeten Bibelabschnitte aus dem Lukasevangelium (Lukas 2,1-21) wird deutlich: Gott macht uns, seinen Geschöpfen, ein Geschenk. Er sendet den Heiland. Er schenkt uns Menschen den, der ihnen den freien und ungehinderten Zugang zum Vater im Himmel verschaffen kann.

Motto: STALLBALL (Geburtstagfest im Stall)

Das Thema dieser Einheit – »Jesu Geburtstagsfest« – kann wörtlich genommen werden. Statt einer klassischen Gruppenstunde bzw. einer klassischen Advent- und Weihnachtsfeier, wird dieses Treffen als »Stallball« gestaltet und findet in einem urig als Stall dekorierten Raum in einer gelösten, fröhlichen Atmosphäre statt:
Der Raum wird abgedunkelt (Tücher, Vorhänge etc.), Strohballen bei einem Bauern besorgen (normalerweise werden sie auch verliehen, wenn sie später wiedergebracht werden), Zweige oder größere Äste besorgen (vom letzten Baumschnitt im Herbst) und damit den Raum zusätzlich dekorieren.
Die Teilnehmer sollten in Anlehnung an die damalige Zeit verkleidet erscheinen (kein absoluter Kostümball, ruhig einfach gestaltet, aber so erkennbar, dass man eine Fete im Nahen Osten assoziieren kann): sogenannte Palästinensertücher für die Kopfbedeckung (diese Generation weiß normalerweise mit diesem Begriff etwas anzufangen und weiß auch noch, wo ihre »Palästinensertücher« liegen bzw. wo man sie besorgen

könnte), Bettlaken als Toga / wallendes Kleid, (Fell-)Westen, Schlapphütte, Holzstäbe für ein »Hirtenoutfit«, Utensilien, die eine Assoziation zu den »Heiligen drei Königen« ermöglichen, Engeloutfit, »Jesuslatschen« oder »Birkenstocksandalen«.
Kulinarisch sollte etwas aufgeboten werden. Am besten in Büffetform. Und natürlich der Region entsprechend – also israelische / palästinensische / nahöstliche / Speisen und Getränke (zumindest in Anlehnung). Die Zubereitung dieses Büffets kann auf die Gruppenmitglieder verteilt werden. Eine Person oder ein kleines Team besorgt entsprechende Rezepte und verteilt sie. Dann kann es losgehen: Falaffel, Kichererbsenmus, Fladenbrot, Oliven, Schafskäse, Wein. Der Fantasie sind wenig Grenzen gesetzt (außer Currywurst / Pommes). Natürlich kann auch der örtliche Grieche oder Türke mit seinen Köstlichkeiten in Anspruch genommen werden.
Auch die Musik sollte stimmen (unter Einsatz technischer Hilfsmittel wie CD- oder MP3-Player) und die Atmosphäre entsprechend beeinflussen: Israelische Folkloremusik, Tänze der Region, Gemeinsames Absingen leicht lernbarer Songs.
Zum Stallball sollte in schriftlicher und entsprechend gestalteter Form eingeladen werden: Die kreativen Werbeköpfe sind gefragt.

Einstieg

Die Teilnehmer werden von Türstehern empfangen, auf das »richtige Outfit gecheckt« und dann in den »Stall« geleitet. Dort könnte ein kleiner Empfang vorbereitet sein. D.h. »Bedienstete« servieren Getränke und kleine Appetithappen«. Nach entsprechender Zeit werden die Anwesenden begrüßt – mit einem Hinweis, was für Personen sich alle um die Geburt Jesu gruppiert haben. Für den weiteren Ablauf ist die Kreativität des vorbereitenden Teams gefragt.

Man kann die Gespräche, die sich bereits ergeben haben, noch ein wenig weiterlaufen lassen, dann mit dem Büffet starten und anschließend einige Gruppentänze wagen und sich zwischenzeitlich mit einer kurzen thematischen Einheit befassen. Man kann gleich nach Empfang und Begrüßung mit einigen Gruppentänzen starten, eine kleine thematische Einheit einplanen und dann mit dem Büffet locker ausklingen lassen.

Die thematische Einheit

Grundlage ist der NT-Klassiker zum Weihnachtsgeschehen aus Lukas 2, 1-21. Die Teilnehmer sollten sich in kleine Gruppen zu dritt oder viert aufteilen – letztlich aber abhängig von der Gesamtteilnehmerzahl am »Stallball«. Jede Gruppe bekommt eine Person aus den in den Texten berichteten Geschehen zugeteilt. Nun soll gemeinsam überlegt werden, wie diese Person aus ihrer Sicht die geschilderten Ereignisse wiedergeben würde bzw. den kurzen Ausschnitt, an dem sie beteiligt war. Oder die Gedanken, die ihr gekommen sind. Hier ist natürlich Phantasie gefragt. Die Ergebnisse sollten später der ganzen Gruppe präsentiert werden. D.h. eine Person aus der Kleingruppe trägt einen entsprechenden Monolog (2 – 4 Minuten) vor. Folgende Personen könnten so porträtiert werden: Hirte, Engel, Maria, Josef. Sollte die Anzahl der Gäste groß sein, kann auch der Text aus Matthäus 2 zusätzlich verwendet werden (Herodes, Weisen aus dem fernen Land).

Es könnte sich auch eine fiktive Diskussion überlegt werden, die evtl. zwischen den Beteiligten stattgefunden hat: Zwischen den Hirten, zwischen den Weisen, zwischen Herodes und seinen Beratern.

Vorbereitung des gestalterischen Elementes für den Gottesdienst: Textbeitrag

Einer dieser Monologe kann dann als Anspiel im Gottesdienst präsentiert werden. Wenn die Gruppe mutig ist, erscheint sie in derselben Verkleidung im Gottesdienst wie zum Stallball. Man könnte dann auch einen israelischen Tanz vorführen. Evtl. die Gottesdienstgemeinde mit einbeziehen. Die Gruppe bleibt anschließend geschlossen auf der Bühne, während eine Person den während des Stallballs erarbeiteten Monolog vorträgt.
Man könnte auch als Gruppe die äußere Gestaltung des Gottesdienstes übernehmen. D.h. den Saal / die Kirche angedeutet als Stall dekorieren, die Gäste am Anfang ebenfalls durch zwei Türsteher im entsprechenden Outfit begrüßen lassen und den Gästen dann während eines kleinen Empfangs Getränke und kleine (nahöstliche) Appetithappen servieren. Und danach den Gottesdienst starten lassen.

Textvorschlag
Der Gottesdienst wird mit dem Monolog eines Hirten begonnen. D.h. der »Hirte« sitzt schon auf dem Strohballen und beginnt mit dem Erzählen der Erlebnisse der letzten Nacht.

»Guten Morgen, Leute. Mann, ich hab' da grad ein Ding erlebt. War kalt heute Nacht. Obwohl mir zwischendurch ganz schön heiß wurde. Echt irre. Wie bitte? Nein, ich bin nicht gereist. Ich wohne hier schon lange. Aber da ich ständig in der Nachtschicht arbeite, bekommt man mich tagsüber kaum zu Gesicht. Normalerweise gehe ich auch

gleich nach Schichtende schlafen. Aber heute bin ich einfach zu aufgedreht, da muss ich unter Menschen.
Wissen Sie, letzte Nacht ist da echt ein Knaller passiert. Tut mir leid, wenn ich Sie mit meinem Redeschwall jetzt einfach so überfalle. Aber was da passiert ist, das kann ich einfach nicht für mich behalten. Sie werden sich bestimmt wundern über das, was ich Ihnen zu erzählen habe. Aber es ist wirklich passiert. Ich habe das jetzt schon einigen Leuten erzählt, die mir auf dem Weg hierher begegnet sind. Einige haben gedacht, ich hätte die Nacht in einer Kneipe durchgemacht und Halluzinationen gehabt. Aber dem ist nicht so. Wissen Sie, ich arbeite als Hirte im judäischen Hirtenverband. Eigentlich nur in der Nachtschicht, wie ich ja schon sagte. Mit den Nachttarifen kommt man dabei doch auf ein wesentlich höheres Einkommen. Na ja, und so war ich natürlich auch letzte Nacht unterwegs. Mit drei Kollegen übernahmen wir gestern eine Herde bei den Hürden. Ein Feld kurz vor den Toren der Stadt. Eigentlich sollte ich zusammen mit einer anderen Crew eine Herde in den Bergen bewachen, aber dann hat der Chef mich doch noch kurzfristig zur Hürdenschicht eingeteilt. Da war einer krank geworden. Auf jeden Fall hatte ich so ein einmaliges Erlebnis.

Ich saß mit meinen Kollegen um ein wärmendes Feuer. Die Herde war ruhig, die meisten Tiere schliefen und auch wir dösten so vor uns hin. Es war mitten in der Nacht , um die Zeit, wo man seinen Tiefpunkt hat und damit kämpft, nicht einzuschlafen. Und dann geschah es: Auf einmal ist da ein klares, helles Licht . Zuerst dachte ich, ich träume. Aber als ich hochschaue sehe ich, dass auch meine Kollegen ganz verschreckt und irritiert in die Runde blicken.
Wie bitte? Nein, nein, das war kein Nordlicht oder irgendeine Himmelserscheinung. Das Licht war ja nur um uns herum. Der Himmel war ganz normal dunkel und mit Sternen übersät. Um uns herum war das Licht. Und auf einmal zerreißt eine Stimme unsere gespannte Stille: FÜRCHTET EUCH NICHT! Wir zucken zusammen und dann ertönt noch einmal diese Stimme: FÜRCHTET EUCH NICHT! Als ich dann in die Richtung schaue, aus der die Stimme kommt, sehe ich tatsächlich jemanden dort stehen. Groß und kräftig. Das Licht schien von ihm auszugehen. Wir kamen uns richtig erbärmlich vor in seiner Gegenwart. Warum, kann ich eigentlich auch nicht genau sagen. Irgendwie war mir auf einmal meine ganze Unzulänglichkeit bewusst. Vielleicht lag es daran, dass es sich bei der Lichtgestalt, wie sich sehr schnell herausstellte, um einen Boten Gottes, also um einen Engel handelte. Die hatte ich mir in meiner Fantasie zwar immer etwas anders vorgestellt, aber dieser war nun Realität. Und so ein Engel kam ausgerechnet zu uns Hirten. Und wieder sagte er: FÜRCHTET EUCH NICHT! Aber diesmal sprach er weiter: »Siehe, ich verkündige euch große Freude, die allem Volk widerfahren wird.«
Wir stießen uns gegenseitig an. Sprechen konnten wir nicht. Dafür war der Schreck zu groß. Aber jeder wusste, was der andere sagen wollte: Mensch, der hat eine Botschaft für uns. Gott will uns etwas mitteilen. Uns ganz normalen Leuten. Keinem Kö-

nig oder Propheten. Denen sicherlich auch. Aber in diesem Fall waren wir ganz persönlich gemeint. Sicherlich galt die Botschaft nicht nur uns. Sonst hätte der Engel ja nicht gesagt, dass die Freude allem Volk widerfahren wird. Aber zunächst mal meinte er uns persönlich. Und dann sprach der Engel weiter: Denn euch ist heute der Heiland geboren, welcher ist Christus, der Herr, in der Stadt Davids.

Haben Sie das verstanden? Der Christus, von dem in den Synagogenvorlesungen bei uns so oft die Rede ist, von dem Gott so oft in den Jesaja-Schriftrollen berichten lässt, der war geboren. Und dann noch in der Stadt Davids, in Bethlehem, in unserer Stadt also. Hier! Letzte Nacht! Gott hat sein Versprechen wahr gemacht. Er hat uns seinen Sohn gesandt. Der Messias, der Retter der Welt. Ich glaub, hier beginnt echt 'ne neue Zeitrechnung.

Natürlich wollten wir sofort losmarschieren und nachsehen. Aber vorher mussten wir uns noch ein Konzert anhören. Auf einmal war der Engel nicht mehr alleine. Neben ihm stand plötzlich eine Riesenmenge von diesen Himmelswesen. Ich weiß, dass es unglaublich klingt. Aber ich sagte Ihnen ja von vornherein, dass Sie sich wahrscheinlich sehr wundern werden über das, was ich Ihnen berichte. Dieser Engelschor lobte Gott mit den Worten: »Ehre sei Gott in der Höhe und Friede auf Erden den Menschen seines Wohlgefallens.«

Als sie fertig waren, verschwanden sie genauso plötzlich wie sie gekommen waren. Und es wurde auf einmal wieder dunkel und still um uns herum. Aber in mir, da war es taghell. Ich glaube, so wach war ich noch nie in meinem Leben. Meinen Kollegen ging es genauso. Zuerst redeten wir ganz aufgeregt durcheinander. Bis dann unser Schichtleiter vorschlug nach Bethlehem in die Stadt zu gehen und nachzusehen, ob wirklich passiert ist, was Gott uns durch die Engel hatte mitteilen lassen. Die Tiere würden schon eine Weile ohne uns auskommen.

So sind wir losmarschiert. Wir brauchten gar nicht lange zu suchen. Schon nach kurzer Zeit hörten wir Babygeschrei. Und in dem Stall einer Herberge, hier ganz in der Nähe, lag das Kind in Windeln gewickelt in einer Krippe. Genau so, wie der Engel es gesagt hatte. Maria, die Mutter und Josef, ihr Mann, saßen daneben auf einem Strohballen. Da lag nun dieser Messias genau vor uns. Hier, mitten in Bethlehem.

Ich will jetzt nach Hause. Meiner Familie von meinen Erlebnissen erzählen. Ihnen kann ich nur einen Tipp geben. Schauen Sie sich dieses Kind an. Nehmen Sie sich Zeit für diese Begegnung. Er ist gar nicht weit weg von Ihnen. Ganz in Ihrer Nähe.

DAS THEMA FÜR SENIOREN

Das weihnachtliche Geburtstagsfest

Weihnachten ist ein fröhliches Fest. Die Ankunft des Erlösers wird von verschiedenen Menschen, Völkern und Generationen unterschiedlich gefeiert. Aber die entstandenen Bräuche und Sitten haben alle das eine Ziel: Wir wollen mit Freude im Herzen das wunderbarste Geburtstagskind aller Zeiten ehren! Senioren erinnern sich gerne an »die gute alte Zeit« und freuen sich, wenn ihre Erfahrungen mit Interesse gehört werden. Das Ziel ist zu zeigen, dass es nicht nur eine Art gibt, ein christliches Weihnachtsfest »richtig« zu feiern. Es kommt darauf an, dass unser Jesus Christus gefeiert wird und dass auch seine Geburtstagsgäste Freude an dem Fest haben.

Material:

Plätzchen und Getränke, Stift, Papier, Gesangbücher

Begrüßung und Einstieg

Beginn wie üblich in der Gruppe, z.B.: Begrüßung und Singen eines Adventsliedes, Gebet. Einer der Teilnehmer liest den Text aus Lukas 2, 8-14 vor.

Vertiefung

Nun werden die mitgebrachten Weihnachtsplätzchen angeboten. Dabei soll ein lokkeres Gespräch entstehen, in dem der Leiter das Gespräch auf Plätzchenrezepte und Weihnachtsessen bringt. Im Verlauf des Gesprächs fragt der Leiter die einzelnen Senioren, wie sie in ihrer Kindheit Weihnachten gefeiert haben.
Mögliche Fragen:
Was gab es für Bräuche?
Wurde Hausmusik gemacht?
Gingen sie zur Christvesper oder zur Mitternachtsmette?
Was gab es für Geschenke
Hauptfrage:
Was war das Schönste und das Wichtigste?
Die Senioren erzählen in den meisten Fällen gerne und lebhaft von den alten Zeiten, an die sie sich hervorragend erinnern können. Vielleicht möchte jemand ein altes Gedicht vorlesen, dass er früher immer aufsagen musste. Der Leiter notiert sich während

des Gesprächs die interessantesten Erinnerungen. Besonders schön ist es, wenn die Teilnehmer aus verschiedenen Gegenden stammen oder sogar aus fremden Kulturkreisen kommen.

Vorbereitung des gestalterischen Elementes für den Gottesdienst: Textbeitrag Brauchtum

Im Gottesdienst sollen dann vom Gruppenleiter oder einem (mehreren) Teilnehmer(n) die schönsten Erinnerungen vorgelesen werden. Als Beispiel dient hier das Ergebnis von einer Frauengruppe:

»Heute erzählen wir euch einmal, wie es früher bei uns zu Hause zuging, als es am Heiligen Abend noch pünktlich zu schneien anfing.«
»Bei uns wurde vor Weihnachten immer das ganze Haus geputzt.«
»Unser Vater brachte am Heiligen Abend morgens den Weihnachtsbaum nach Hause, den wir gemeinsam schmücken durften.«
»In Oberschlesien gingen wir immer am Weihnachtsmorgen um sechs Uhr in die Kirche.«
In Siebenbürgen wurde ein Rosinen-Nuss-Strudel gebacken.«
»Im Krieg bekam ich jedes Jahr eine Wollmütze oder Handschuhe.«
»Wir Kinder durften die Krippe aufbauen.«
»Ich musste dieses Gedicht aufsagen, heute darf ich es ablesen, obwohl ich es noch fast auswendig weiß: Markt und Straßen stehn verlassen ...«
»Vater las immer die Weihnachtsgeschichte beim Abendessen vor.«
»In Holland war das wichtigste Fest schon am Nikolaustag für uns Kinder.«
»Wir machten immer viel Hausmusik. Immer sangen wir das Lied: Ihr Kinderlein kommet ..., das wir jetzt mit euch gemeinsam singen wollen.«

Die Gruppe beschließt gemeinsam, welche Bräuche, Erinnerungen oder Gedichte im Gottesdienst vorgelesen werden sollen und wer dies tun soll.

Abschluss

Zum Schluss wird das beliebteste Weihnachtslied von früher ermittelt, um es im Gottesdienst mit der Gemeinde zu singen. Falls das Lied nicht im Gesangbuch steht, muss es für den Gottesdienst auf Folie geschrieben werden oder als Kopie auf den Stühlen liegen.

Die Stunde wird in der üblichen Weise beendet, zum Abschluss kann das ausgewählte Lied gesungen werden.

Jesu Geburtstagsfest

Man könnte auch als Gruppe ERWACHSENE (MANN/FRAU) die äußere Gestaltung des Gottesdienstes übernehmen. D.h. den Saal / die Kirche angedeutet als Stall dekorieren, die Gäste am Anfang ebenfalls durch zwei Türsteher im entsprechenden Outfit begrüßen lassen und den Gästen dann während eines kleinen Empfangs Getränke und kleine (nahöstliche) Appetithappen servieren. Und danach den Gottesdienst starten lassen.

Anspiel der Gruppe ERWACHSENE (MANN/FRAU)
»Geburtstagsfest im Stall« Monolog/Begrüßungsrede des Hirten

Eröffnungslied: »Go tell it from the mountain«
Möglichst gemeinsam singen lassen.

Begrüßungsmoderation mit Bezug zum Eingangslied und Lesung des dem Gottesdienstmotto zugrunde liegenden Bibeltextes und evtl. Eingangsgebet

Textbeitrag SENIOREN
Weihnachtsbrauchtum

Textvortrag TEEN/JUGEND
Weihnachten in der Fußgängerzone

Lobpreiszeit / Weihnachtssongs / Gebetszeit

Predigt / Ansprache

Gemeinsames Lied

(Interaktive) Aktion der Gruppe KINDER
»Licht für die Welt«

Segen